프란치스코 교황의 성찰
아버지처럼 자비로워지십시오

***Quo nomine vis vocari? Francisco,
reflexiones de un pastor-Misericordia***

Original Title : Card. Jorge Mario Bergoglio, Quo nomine vis vocari?
Francisco: Reflexiones de un pastor:
Misericordia; Misión; Testimonio; Vida
Recopilado por Federico Wals
ⓒ Editorial Santa Maria Buenos Aires, 2013
Italian Edition by ⓒ Copyright 2013-Libreria Editrice Vaticana-00120 Citta`
del Vaticano
All rights reserved.
This Korean Edition Copyright ⓒ 2014 by Bible and Life Publications, Seoul,
Republic of Korea
This Korean edition is translated and used by arrangement of Libreria Editrice
Vaticana.

* 이 한국어판의 저작권은 Libreria Editrice Vaticana와 독점 계약한
생활성서사에 있습니다. 신저작권법에 의하여 한국 내에서 보호받는
저작물이므로 무단 전재와 무단 복제를 금합니다.

* 일러두기
'프란치스코'라는 이름을 선택한 호르헤 마리오 베르골료의 복음적 영성을 드러내는
데 '교황敎皇'은 어울리지 않다고 판단하여 장익 주교는 이 책의 추천사에 '교종敎宗'
이라 표기하였습니다.

프란치스코 교황의 성찰
아버지처럼 자비로워지십시오

글쓴이 **프란치스코 교황**
옮긴이 **윤주현**

생활
성서

차례

자비의 특별 희년 기도문 / 6
자비의 특별 희년 선포 칙서: 자비의 얼굴 / 8

1. 용기 있는 중개 기도

저 불쌍한 이들을 구원할 가능성은 없는가? / 60
서로에게 가까이 다가가십시오 / 76
예수님께 눈을 고정하십시오 / 90
사제는 백성의 눈길로 도유됩니다 / 102
왜 살아 계신 분을 죽은 자들 가운데에서 찾습니까? / 112
형제로서 서로를 축복합시다 / 117
사랑이야말로 그리스도인을 구별해 주는 표지입니다 / 124
우리 자신을 내주어 모두와 삶을 나눕시다 / 131

2. 빵을 나눌 준비가 됐습니까?

서로 간의 벽을 허물고 마음의 다리를 이읍시다 / 142
우리가 찾고 있는 분은 우리 곁에 있습니다 / 152
여러분은 빵을 나눌 준비가 됐습니까? / 158
자선과 기도를 통해 주님을 만나십시오 / 167

우리는 섬기기 위하여 도유되었습니다 / 171
예수님이 약속하신 희망을 갖고 나아갑시다 / 180
그리스도인의 마음은 늘 열려 있어야 합니다 / 185
이기주의를 벗어던지십시오 / 192
자비로운 행동은 기쁨으로 도유됩니다 / 199

3. 두려워하지 마세요, 울지 마세요!

성체와 교회, 계약의 신비 / 210
도유됨은 이웃을 위해 힘을 다하는 것입니다 / 243
두려워하지 마세요 / 253
사제적 부성을 지니십시오 / 260
그리스도를 선포하는 사목자가 되십시오 / 267
울지 마시오! / 277
하느님의 현존 안에서 사랑을 다하십시오 / 289
영원한 사랑의 근원인 하느님의 자비 / 293
바다 한가운데로 나가 깊은 곳에 그물을 던져라 / 300

추천의 글 / 308
옮긴이의 글 - 개정 증보판에 부쳐 / 311
주註 / 314

자비의 특별 희년 기도문

주님이신 예수 그리스도,

당신은 하늘에 계신 아버지처럼 자비로운 사람이 되도록 우리를 불러주셨고, 또 당신을 보는 사람은 하느님 아버지를 보는 것이라고 우리에게 말씀하셨습니다.

당신의 얼굴을 우리에게 보여 주십시오, 그러면 우리는 구원될 것입니다.

사랑으로 가득 찬 당신의 시선이 자캐오, 돈의 노예인 마태오, 오로지 피조물들을 통해서 행복을 찾아 헤매던 창녀 막달레나를 해방시키셨습니다.

당신은 베드로가 당신을 부인한 후 눈물을 흘리게 하셨고, 뉘우친 강도에게 천국을 약속하셨습니다.

우리에게 건네는 말인 것처럼, 사마리아 여인에게 하신 이 말을 우리 각자가 듣게 해 주소서.

"만일 네가 하느님의 은사를 안다면!"

당신은 용서와 자비를 통해서 자신의 전능을 드러내신 하느님의 보이지 않는 성부의 보이는 얼굴이십니다.

당신은 영광 안에서 부활하신 그 분의 주님이시며, 교회가 이 세상에서 보이는 당신의 얼굴이게 하소서.

무지와 오류 속에 있는 사람들에 대한 진정한 연민을 느끼기 위해, 당신의 종들 역시 약함의 옷을 입은 자 되기를 당신이 원하셨습니다.

하느님으로부터 기대된 사람, 사랑받고, 용서받은 자임을 느끼도록 누구든간에 그들 중의 한 사람에게 말을 건네게 하소서.

자비의 희년이 주님 은총의 한 해가 되도록, 그리고 새로워진 열정으로, 당신의 교회가 가난한 자들에게 기쁜 소식을 전하고 억눌린 이들에게 해방을, 눈먼 이들이 시력을 되찾을 수 있도록 당신의 영을 보내 주시어 우리 모두를 그분의 성유로 축성(성별) 시켜 주소서.

영원히 성령과 성부와 함께하시는 당신께, 이 모든 것을 자비의 어머니이신 마리아를 통해서 간청합니다. 아멘.

자비의 특별 희년 선포 칙서:
자비의 얼굴

하느님의 종들의 종
로마 주교 프란치스코가
이 편지를 읽는 모든 이에게
은총과 자비와 평화를 빕니다.

1

예수 그리스도께서는 하느님 아버지의 자비의 얼굴이십니다. 그리스도 신앙의 신비는 이 말로 잘 요약되고 있습니다. 아버지의 자비는 나자렛 예수님 안에서 생생하게 드러나 그 정점에 이르렀습니다. "자비가 풍성하신"(에페 2,4) 아버지께서는 모세에게 "자비하고 너그러운 하느님, 분노에 더디고 자애와 진실이 충만한 하느님"(탈출 34,6 참조)이라고 당신 이름을 알려 주시고 역사를 통하여 여러 가지 방법으로 당신의 거룩하신 본성을 끊임없이 보여 주십니다. 구원 계획에 따라 모든 것을 마련하시고 "때가 차자"(갈라 4,4) 아버지께서는 당신 아드님을 보내시어 동정 마리아에게서 태어나게 하시고 우리에게 완전한 사랑을 보여 주셨습니다. 예수님을 뵌 사람은 곧 아버지를 뵌 것입니다 (요한 14,9 참조). 나자렛 예수님께서는 당신의 말씀과 행동, 당신의 온 인격으로 하느님의 자비를 드러내십니다.[1]

2

우리는 언제나 자비의 신비를 바라보아야 합니다. 그 신비는 기쁨과 고요와 평화의 샘입니다. 여기에 우리 구원이 달려 있습니다. 자비라는 말은 거룩한 삼위일체 하느님의 신비를 보여 줍니다. 자비는 하느님께서 우리를 만나러 오시는 궁극적인 최고의 행위입니다. 자비는 인생길에서 만나는 형제자매를 진실한 눈으로 바라보는 모든 사람의 마음속에 자리 잡는 근본 법칙입니다. 자비는 하느님과 사람을 이어 주는 길이 되어 우리가 죄인임에도 영원히 사랑받으리라는 희망을 품게 해 줍니다.

3

우리는 특별히 주님의 자비에 주의를 기울여 우리 자신이 자비를 베푸시는 아버지의 뚜렷한 표지가 되도록 부름 받을 때가 있습니다. 바로 이러한 이유에서 저는 자비의 특별 희년을 선포합니다. 이 특별 희년에 신자들이 더욱 힘차고 효과적인 증언을 하여 교회에 은총의 때가 되기를 바랍니다.

이 성년은 2015년 12월 8일, 원죄 없이 잉태되신 동정 마리아 대축일에 시작됩니다. 이 대축일은 하느님께서 인류 역사의 맨 처음부터 어떻게 활동하셨는지를 상기시켜 줍니다. 아담과 하와가 죄를 지은 후에 하느님께서는 인류를 죄악에 얽매인 채로 버려두고자 하지 않으셨습니다. 그래서 그분께서는 사랑으로 거룩하고 흠 없는 마리아를 선택하시어 인간 구원자의 어머니가 되기를 바라셨습니다(에페 1,4 참조). 무거운 죄에 대하여 하느님께서는 완전한 용서로 응답하셨습니다. 주님의 자비는 언제나 어떠한 죄보다도 더 크므로 그 누구도 용서하시는 하느님의 사랑을 막을 수 없습니다. 원죄 없이 잉태되신 동정 마리아 대축일에 저는 성문(聖門)을 여는 기쁨을 누릴 것입니다. 그 날, 성문은 자비의 문이 될 것입니다. 그 문으로 들어가는 사람은 누구나 위로하시고 용서하시며 희망을 불어 넣어 주시는 하느님의 사랑을 경험하게 될 것입니다.

대림 제3주일에 로마 주교좌 대성당, 곧 성 요한 라테라노 교황 대성전의 성문이 열릴 것입니다. 이어서 다른 교황 대성전들의 성문이 열리게 될 것입니다. 바로 그 주일에 저는, 모든 개별 교회에서도 마찬가지로, 신자들의 어머니 교회인 주교좌 대성당이나 공동 주교좌 대성당, 또는 특별히 중요한 성당에서 자비의 문을 열고 성년 내내 열어 두라고 선포할 것입니다. 많은 순례자들이 방문하는 순례지에서도 교구장 주교의 권위로 자비의 문을 열 수 있습니다. 이러한 거룩한 장소에서 순례자들은 마음으로 은총을 체험하고 회개의 길을 찾게 됩니다. 이렇게 모든 개별 교회는 직접 참여하여 이 성년을 특별한 은총의 때와 영적 쇄신의 계기로 삼아야 할 것입니다. 이와 같이 로마와 더불어 개별 교회에서도 온 교회의 가시적 친교의 표징으로 이 희년을 지내기 바랍니다.

4

제가 12월 8일을 선택한 것은 이날이 교회의 근대사에서 중요한 의미가 있는 날이기 때문입니다. 저는 사실 제2차 바티칸 공의회 폐막 50주년이 되는 이날 성문을 열 것입니다. 교회는 이 공의회를 생생하게 기억하여야 합니다. 이로써 교회는 역사 안에서 새로운 길을 걷기 시작하였습니다. 참으로 성령 강림 때처럼 공의회 교부들은 하느님에 대하여 동시대인들이 알아들을 수 있게 말해야 할 필요성을 강렬하게 느꼈습니다. 오랫동안 교회를 안온한 도성처럼 감싸 주던 성벽은 무너져 버리고, 새로운 방식으로 복음을 선포해야 할 때가 왔습니다. 복음화의 새로운 길이 열린 것입니다. 모든 그리스도인의 새로운 임무는 열정과 확신으로 신앙을 증언하는 것입니다. 교회는 세상에 하느님 아버지의 사랑을 생생하게 보여 주어야 할 책임을 각성하였습니다.

요한 23세 성인이 공의회를 시작하며 교회가 나아가야 할 길을 밝혔던 뜻깊은 말씀을 되새깁니다. "이제 그리스도의 신부는 엄격함이 아닌 자비의 영약을 사용하고자 합니다. …… 가톨릭 교회는 공의회를 통하여 신앙 진리의 횃불을 높이 들고, 사랑이 넘치는 모든 이의 어머니, 인자하고 인내하는 어머니, 갈라져 사는 자녀들에게 다정하고 자비로운 어머니로서 자신의 모습을 드러내고자 합니다."[2]

바오로 6세 복자는 공의회를 마치면서 같은 맥락에서 이렇게 말하였습니다. "우리 공의회의 신앙은 무엇보다도 먼저 사랑이었음을 강조하고자 합니다. …… 착한 사마리아인의 옛 이야기가 우리 공의회의 정신을 이끌어 준 모범이자 규범이었습니다. …… 공의회는 현대인들에게 열정과 감동을 불러 일으켰습니다. 오류는 완전히 거부되었습니다. 진리만이 아니라 사랑 그 자체도 오류를 거부합니다. 사람은 언제나 존중하고 사랑해야 하지만 오류는 경계하여야 합니다. 공의회는 분명히 정신을 혼란시키는 질병을 깨닫고 위로가 가득한 구원의 영약을 가져다 주었으며 불길한 징조를 보여 주는 것이 아니라 희망과 신뢰의 메시지를 현대인들에게 전하였습니다. …… 다음과 같은 것도 말씀드리고자 합니다. 이 공의회의 풍요로운 가르침은 인간에게 봉사하려는 단 하나의 목적을 지니고 있습니다. 모든 환경에서 살아가는 인간, 온갖 나약함을 지닌 인간, 갖가지 요구를 지닌 인간에게 봉사하려는 것입니다."[3]

이러한 정신으로 교회가 받은 것에 진심으로 감사드리며, 제 앞에 놓인 직무에 대한 책임감으로, 순례하는 우리를 지켜 주시고 보호하시는 부활하신 주님의 힘을 굳게 믿으며 저는 성문을 열고 지나갈 것입니다. 믿는 이들의 발걸음을 그리스도의 구원 활동에 협력하도록 이끄시는 성령께서 하느님의 백성을 일으

켜 세우시고 이끌어 주시어 그들이 자비의 얼굴을 바라보도록 도와주시기를 빕니다.[4]

5

　희년은 2016년 11월 20일 그리스도 왕 대축일에 끝날 것입니다. 그날 성문을 닫을 때, 우리는 그 무엇보다도 우리에게 이렇게 특별한 은총의 시간을 주신 성삼위 하느님께 감사하는 마음으로 가득 차 있을 것입니다. 그 때 우리는 교회의 삶과 모든 인간과 무한한 우주를 주님이신 그리스도께 맡겨 드리며 미래의 풍요로운 역사를 이루려고 노력하는 모든 사람에게 당신의 자비를 아침 이슬처럼 내려 주시기를 빌 것입니다. 이제부터는 해마다 자비가 넘쳐 우리가 모든 사람에게 다가가 하느님의 선하심과 온유하심을 가져다주기를 간절히 바랍니다. 우리 가운데에 이미 현존하는 하느님 나라의 표징으로서 자비의 향유가 믿는 이나 믿지 않는 이나 모든 이에게 전해지기를 빕니다.

6

　"자비를 베푸시는 것이 하느님의 고유한 본질입니다. 바로 그 자비 안에서 하느님의 전능이 드러납니다."[5]

토마스 아퀴나스 성인이 한 이 말씀은, 하느님의 자비가 나약함의 표시가 아니라 전능하신 하느님의 특성이라는 것입니다. 바로 그런 이유로 전례의 가장 오래된 본기도에서 우리는 "전능하신 하느님, 크신 자비와 용서를 베푸시고"[6]라고 기도합니다. 하느님은 인류 역사에 언제나 가까이 계시며 섭리하시는 분, 거룩하고 자비로우신 분으로 현존하실 것입니다.

구약 성경에서는 분노에 더디시고 자비로우신 분이라는 말로 자주 하느님의 본성이 묘사됩니다. 하느님께서 자비로운 분이시라는 것은 그분의 인자하심이 징벌과 파멸보다 앞서는 구원 역사의 많은 순간들에서 구체적으로 드러납니다. 특히 시편은 주님의 위업을 이렇게 찬양합니다. "네 모든 잘못을 용서하시고 네 모든 아픔을 낫게 하시는 분, 네 목숨을 구렁에서 구해 내시고 자애와 자비로 관을 씌워 주시는 분"(시편 103[102],3-4). 시편의 다른 곳에서는 더욱 명확하게 주님 자비의 구체적인 표지를 보여 줍니다. "억눌린 이들에게 올바른 일을 하시며 굶주린 이들에게 빵을 주시는 분이시다. 주님께서는 붙잡힌 이들을 풀어 주시고 눈먼 이들의 눈을 열어 주시며 꺾인 이들을 일으켜 세우신다. 주님께서는 의인들을 사랑하시고 이방인들을 보호하시며 고아와 과부를 돌보신다. 그러나 악인들의 길은 꺾어 버리신다."(시편 146[145],7-9) 시편 작가는 이렇게 표현하기도 합니다. "마음이 부서진 이들을 고치시고 그들의 상처를 싸매 주신다. …… 주님께서는 가난한 이들을 일으키시고 악인들을 땅바닥까지 낮추신다."(시편 147[146-147],3.6) 그러므로 하느님의 자비는 추상적인 관념이 아니라 당신의 사랑을 보여 주는 구체적인 실재입니다. 이는 부모가 자기 자녀를 진심으로 사랑하는 것과 같습니다. 정녕 애끊는 사랑이라고 해야 할 것입니다. 그 사랑은 온유한 배려와 너그러운 용서가 넘치는 마음속 깊은 곳에서 자연스럽게 솟구치는 사랑입니다.

7

"주님의 자애는 영원하시다." 이는 하느님의 계시 역사를 노래하는 시편 136편의 모든 절마다 반복되는 후렴구입니다. 자비를 통하여 구약의 모든 사건이 심오한 구원의 의미를 지니게 됩니다. 자비는 하느님과 이스라엘의 역사를 구원의 역사로 변화시켜 줍니다. 이 시편처럼 "주님의 자애는 영원하시다."라고 계속해서 반복하는 것은 공간과 시간의 차원을 뛰어넘어 모든 것을 영원한 사랑의 신비 안으로 들여놓고자 하는 것입니다. 이는 역사 안에서만이 아니라 영원토록, 인간은 하느님 아버지의 자비로운 눈길 아래 있으리라는 것을 말하고자 하는 듯합니다. 이스라엘 백성이 이른바 대찬양이라고 하는 이 시편을 그들의 가장 중요한 전례 축일에 포함시키고자 한 것은 우연이 아닙니다.

예수님께서는 수난하시기 전에 이 자비의 시편으로 기도하셨습니다. 마태오 복음사가는 예수님과 제자들이 "찬미가를 부르고 나서"(마태 26,30) 올리브 산으로 갔다고 말했을 때 이를 증언한 것입니다. 예수님께서는 성찬례를 당신과 당신의 파스카 희생에 대한 영원한 기념제로 제정하시면서, 자비의 빛이 상징적으로 이 최고의 계시 행위를 비추게 하셨습니다. 바로 그 자비의 지평에서, 예수님께서는 십자가에서 완성될 위대한 사랑의 신비를 의식하시며 수난하시고 돌아가셨습니다. 우리가 예수님께서 이 시편으로 기도하셨다는 것을 알게 되면 우리 그리스도인들은 이 시편을 더욱 중요하게 여기고, 날마다 바치는 기도에서 이 찬미의 후렴구를 노래하게 될 것입니다. "주님의 자애는 영원하시다."

8

우리가 예수님과 그분의 자비로운 얼굴을 끊임없이 바라보면 거룩하신 삼위일체 하느님의 사랑을 깨달을 수 있습니다. 예수님께서는 하느님 사랑의 신비를 온전히 드러내라는 임무를 아버지께 받으셨습니다. "하느님은 사랑이십니다."(1요한 4,8.16) 이는 요한 복음사가가 성경 전체에서 처음이자 유일하게 단언하고 있습니다. 이 사랑은 이제 예수님의 온 삶에서 눈에 보이게 분명히 드러났습니다. 그분께서는 오직 사랑, 자신을 거저 내어 주는 사랑이십니다. 예수님을 만나는 사람들과 그분께서 맺는 관계는 각기 유일무이한 것입니다. 예수님께서 특별히 죄인이나 가난한 이들, 버림받은 이들, 병자들, 고통 받는 이들에게 행하신 모든 기적은 자비를 보여 줍니다. 그분 안에 있는 모든 것이 자비로 드러납니다. 그분 안에 있는 것은 무엇이든 자비가 넘칩니다.

예수님께서는 당신을 따라오는 군중을 보시자 그들이 지도자 없이 길을 잃고 시달리며 기가 꺾여 있는 것을 알아채시고 무척 가엾은 마음이 드셨습니다(마태 9,36 참조). 그분께서는 가엾게 여기시는 마음으로 사람들이 데려온 병자들을 고쳐 주시고

(마태 14,14 참조), 빵 몇 개와 물고기 몇 마리로 수많은 군중을 배불리 먹이셨습니다(마태 15,37 참조). 이 모든 상황에서 예수님을 움직인 것은 다름 아닌 자비였습니다. 그 자비로 당신께서 만난 사람들의 마음을 읽고 그들의 절실한 바람을 채워 주셨습니다. 외아들의 장례를 치르러 가는 나인의 과부를 만나셨을 때, 예수님께서는 울부짖는 어머니의 커다란 고통을 보시고 무척 가엾은 마음이 드시어 그 아들을 죽음에서 다시 일으켜 어머니에게 돌려주셨습니다(루카 7,15 참조). 게라사인 지방에서 마귀 들렸던 사람을 고쳐 주시고, 예수님께서는 그에게 이렇게 명령하셨습니다. "주님께서 너에게 해 주신 일과 자비를 베풀어 주신 일을 모두 알려라."(마르 5,19) 마태오를 부르신 것도 자비의 맥락 안에 있습니다. 예수님께서는 세관 앞을 지나시다가 마태오를 바라보셨습니다. 그 사람의 죄를 용서하시는 자비의 눈길이었습니다. 제자들의 반대를 무릅쓰고, 예수님께서는 죄인이며 세리인 그를 뽑아 열두 사도 가운데 하나로 삼으셨습니다. 베다 성인은 이 복음 구절을 설명하면서, 예수님께서 마태오를 자비로운 사랑의 눈길로 바라보시고 그를 선택하셨다고 하였습니다. "자비로이 부르시니"(miserando atque eligendo)[7]라는 말씀에

감동을 받아 저는 이를 제 문장에 넣었습니다.

9

 자비에 관한 비유들에서 예수님께서는 하느님의 본성을, 온갖 반대를 물리치시고, 연민과 자비로 끝까지 용서하시는 아버지의 본성으로 보여 주십니다. 우리는 이러한 비유들 중에 세 가지 이야기, 곧 되찾은 양, 되찾은 은전과 되찾은 아들의 비유를 잘 알고 있습니다(루카 15,1-32 참조). 이 비유들에서 하느님께서는 언제나 기쁨에 넘치시는 분으로 그려집니다. 특히 하느님께서는 용서를 해 주실 때에 더욱 기뻐하십니다. 그 안에서 우리는 복음과 우리 신앙의 핵심을 발견합니다. 자비는 모든 것을 이겨내는 힘으로 드러나며, 마음속을 사랑으로 가득 채워 주고 용서를 통하여 위로를 가져다줍니다.

 또 다른 비유에서 우리는 그리스도인의 삶에 중요한 가르침을 얻습니다. 도대체 몇 번이나 용서해 주어야 하느냐는 베드로의 물음에 예수님께서는 이렇게 대답하십니다. "내가 너에게 말한다. 일곱 번이 아니라 일흔일곱 번까지라도 용서해야 한다."

(마태 18,22) 그분은 또한 매정한 종에 대한 비유를 드셨습니다. 주인이 자기에게 많은 빚을 진 종을 부르자, 그가 엎드려 절하며 자비를 베풀어 달라고 빌었습니다. 그 종의 주인은 그 빚을 탕감해 주었습니다. 그런데 그 종은 자기에게 얼마 되지도 않는 빚을 진 동료가 그에게 엎드려 자비를 청하자 들어주지 않고 감옥에 가두었습니다. 주인이 이 말을 듣고 화가 나서 그 종을 다시 불러들여 이렇게 말하였습니다. "내가 너에게 자비를 베푼 것처럼 너도 네 동료에게 자비를 베풀었어야 하지 않느냐?"(마태 18,33) 예수님께서는 이 비유를 이렇게 마치셨습니다. "너희가 저마다 자기 형제를 마음으로부터 용서하지 않으면, 하늘의 내 아버지께서도 너희에게 그와 같이 하실 것이다."(마태 18,35)

이 비유는 우리 각자에게 분명한 가르침을 주고 있습니다. 자비는 하느님 아버지께서 베푸시는 것일 뿐 아니라 참된 하느님 자녀의 식별 기준이 되는 것이라고 예수님께서 단언하십니다. 한 마디로 우리가 먼저 자비를 입었으므로, 우리도 자비를 베풀어야 합니다. 잘못을 용서하는 것은 자비로운 사랑의 명확한 표현이고 그리스도인인 우리가 결코 소홀히 할 수 없는 계명입니다. 거듭 용서하는 것은 얼마나 어려워 보입니까! 그럼에도 용서는 우리의 나약한 손에 쥐어진 도구이며 이로써 우리는 마음의 평온을 얻을 것입니다. 반드시 증오와 분노를 버리고, 폭력과 복수를 포기해야만 행복하게 살 수 있습니다. 사도의 권고를 받아들입시다. "해가 질 때까지 노여움을 품고 있지 마십시오." (에페 4,26) 무엇보다도 먼저 자비를 삶의 이상으로 제시하시고 우리 신앙에 대한 신뢰성의 기준으로 삼으신 예수님의 말씀을 들읍시다. "행복하여라, 자비로운 사람들! 그들은 자비를 입을 것이다."(마태 5,7) 이 참행복을 우리는 이 성년에 특별히 추구하여야 할 것입니다.

지금까지 살펴본 대로 성경에 나타난 자비는 우리에 대한 하느님의 행위를 가리키는 열쇠가 되는 말입니다. 그분께서는 당신의 사랑을 다짐하실 뿐만 아니라 그 사랑을 눈으로 보고 손으로 만질 수 있게 해 주십니다. 사실 사랑은 결코 추상적인 단어가 될 수 없습니다. 사랑의 본질은 구체적인 삶입니다. 일상의 행동에서 사랑은 생각과 태도와 습관으로 드러납니다. 하느님의 자비는 하느님께서 우리 한 사람 한 사람을 책임지신다는 것입니다. 하느님께서도 책임을 느끼십니다. 곧 그분께서는 우리의 안녕을 바라시며 우리가 행복해 하고 기쁨에 넘쳐 평화롭게 사는 것을 보고자 하십니다. 그리스도인의 자비로운 사랑도 바로 이러한 길로 나아가야 합니다. 아버지께서 사랑하시듯이, 자녀들도 그렇게 사랑합니다. 아버지께서 자비로우신 것처럼, 우리도 그렇게 서로서로 자비를 베풀어야 합니다.

10

자비는 교회 생활의 토대입니다. 교회의 모든 사목 활동은 온유함으로 이루어져야 하며, 그 온유함을 신자들에게 보여 주어야 합니다. 복음 선포이든 세상에 대한 증언이든 그 어떠한 것도 자비가 없이는 할 수 없습니다. 교회에 대한 신뢰도는 자비와 연민이 가득 찬 사랑에 달려 있습니다. 교회는 "자비를 베풀려는 끝없는 열망을 지니고 있습니다."[8] 어쩌면 우리는 오랫동안 자비의 길을 가리키고 그 길을 따라 살아가는 것을 잊고 있었는지도 모릅니다. 한편으로 언제나 정의만을 요구하려는 것은 정의가 필수불가결한 첫걸음이라는 사실을 잊어버리게 하기도 합니다. 교회는 더 높은 더욱 중요한 목적을 추구하며 나아가야 합니다. 다른 한편, 슬프게도 우리의 문화에서 용서에 대한 경험이 점점 드물어진다는 사실을 인정하여야 합니다. 때로는 용서라는 말조차도 사라져 가는 것 같습니다. 그러나 용서에 대한 보증이 없다면 우리는 마치 황량한 사막에서 살아가는 것처럼 아무런 생명력도 없는 불모의 삶에 그치고 말 것입니다. 교회가 용서를 기쁘게 선포하여야 할 때가 다시 왔습니다. 이제 근본으로 돌아가 우리 형제자매들의 나약함과 어려움을 받아들여야 할 때입니다. 용서는 우리를 새로운 삶으로 다시 일으켜 세우고 희망을 갖고 미래를 바라보게 해 줍니다.

11

우리는 요한 바오로 2세 성인이 그의 두 번째 회칙 「자비로우신 하느님」(Dives in Misericordia)에서 말씀하신 훌륭한 가르침을 잊을 수 없습니다. 예상하지 못한 가운데 발표된 그 회칙의 주제는 많은 사람들을 놀라게 하였습니다. 저는 특별히 두 가지 말씀을 새기고자 합니다. 요한 바오로 2세 성인은 무엇보다도 먼저 이 시대의 문화가 자비에 대하여 잊고 있었다는 것을 강조하였습니다. "현대의 사고방식은 과거의 사고방식보다 훨씬 더 자비의 하느님에 대립되는 듯하며, 자비라는 개념 자체를 생활에서 배제하고 인간 마음에서 제거하는 경향을 보여 주고 있습니다. 역사상 전대미문의 과학과 기술의 엄청난 발달로 땅의 주인이 되고 땅을 굴복시켜 다스리게 된 인간에게는 '자비'라는 말과 개념이 매우 거북하게 느껴지는 것 같습니다(창세 1,28 참조). 땅에 대한 이 지배를 흔히 일방적이고 피상적으로 알아들음으로써 거기에는 자비의 여지가 없는 것처럼 보입니다. …… 바로 이러한 이유에서 산 신앙의 정신으로 움직이는 많은 인간들과 집단들이 교회와 현대 세계의 상황을 보고 거의 자발적으로 하느님의 자비로 눈길을 돌리고 있는 것입니다."[9]

이어서 요한 바오로 2세 성인은 지금 이 세상에 자비를 선포하고 증언하라고 촉구하며 다음과 같이 말하였습니다. "그 사유란 인간을 위하는 사랑에서 오는 명령입니다. 인간적인 모든 것, 많은 현대인들이 예감하고 있는 것과 같이 거대한 위험으로 위협당하는 인간적인 모든 것을 아끼는 사랑에서 오는 명령입니다. '그리스도의 신비'는 …… 바로 그러한 그리스도의 신비가 자비를 선포하라는 의무를, 그것이 같은 신비에서 계시된 자비로운 사랑임을 선포하라는 의무를 저에게 지우는 것입니다. 그것은 또한 그 자비에 호소하라는 의무를 지우며, 이천 년대가 끝나 가는 교회와 세계의 역사에서 이 험난하고도 위급한 시점에 하느님의 자비를 간구하라는 의무를 지우고 있습니다."[10] 그 어느 때보다 시의적절한 이 가르침은 이 성년에 되새겨야 할 필요가 있습니다. 요한 바오로 2세 성인의 말씀을 다시 한번 인용합니다. "교회는 자비를 고백하고 선포할 때에 본연의 삶을 사는 것입니다. 자비가 창조주와 구세주의 가장 놀라운 속성이기 때문입니다. 교회는 사람들을 구세주의 자비의 샘에 가까이 가게 만들 때에 본연의 삶을 사는 것입니다. 교회는 그 자비의 관리자요 분배자이기 때문입니다."[11]

12

교회는 복음의 뛰는 심장인 하느님의 자비를 알려야 할 사명이 있습니다. 교회를 통하여 자비가 모든 이의 마음과 정신에 가 닿아야 합니다. 그리스도의 신부는 한 사람도 빠짐없이 모든 이에게 다가가시는 하느님의 아드님을 본받습니다. 교회가 새 복음화의 사명을 받은 오늘날 자비를 새로운 열정과 사목 활동으로 거듭 알려야 합니다. 교회가 스스로 자비를 실천하고 증언하는 것이 교회와 그 메시지의 신뢰도에 가장 큰 영향을 미칩니다. 교회는 말과 행동으로 자비를 전하여 사람들의 마음속에 파고 들어가 그들이 다시 하느님 아버지께로 돌아가는 길을 찾아 나서도록 하여야 합니다.

교회의 으뜸 진리는 그리스도의 사랑입니다. 교회는 용서와 헌신으로 이끄는 이러한 사랑의 봉사자요 전달자가 됩니다. 그러므로 교회가 있는 곳 어디에서나 하느님 아버지의 자비가 드러나야 합니다. 우리 본당과 공동체, 단체와 운동, 곧 그리스도인들이 있는 곳에서는 누구든지 자비의 안식처를 찾을 수 있어야 합니다.

13

이 희년에 우리는 **아버지처럼 자비로워지라**고 하신 주님의 말씀에 따라 살고자 합니다. 복음사가는 예수님의 가르침을 상기시켜 줍니다. "너희 아버지께서 자비하신 것처럼 너희도 자비로운 사람이 되어라."(루카 6,36) 이는 힘들지만 기쁨과 평화가 충만한 삶을 제안하시는 것입니다. 예수님의 이러한 명령은 당신의 목소리를 듣는 모든 이를 향한 것입니다(루카 6,27 참조). 자비를 실천할 수 있으려면, 우리는 먼저 하느님의 말씀에 귀 기울여야 합니다. 곧 우리를 향하신 말씀을 묵상할 수 있게, 침묵의 가치를 되찾아야 합니다. 이렇게 하여 우리는 하느님의 자비를 관상하고 우리의 생활방식으로 받아들일 수 있습니다.

14

성년에 하는 **순례**는 특별한 표징입니다. 순례는 사람들이 저마다 자신의 삶에서 지나온 길의 상징이기 때문입니다. 삶 자체가 순례이고, 인간은 **나그네**, 곧 간절히 바라는 목적지를 향한 길을 가는 순례자입니다. 로마나 세상의 다른 곳에 있는 성문을 향하여 모든 이는 자신의 능력에 맞게 순례를 하여야 합니다. 순례는 자비 또한 그 목적지라는 것을 보여 줍니다. 우리는 노력과 희생을 다하여 그 목적지를 향해 나아가야 합니다. 순례는 회개의 계기가 되어야 할 것입니다. 우리가 성문을 지나가면 하느님의 자비가 우리를 감싸 주시어 하느님 아버지께서 우리에게 하시듯이 우리도 이웃에게 자비를 베풀도록 힘써 노력할 것입니다.

주 예수님께서는 우리가 목적지에 도달할 수 있게 우리에게 순례의 단계를 보여 주십니다. "남을 심판하지 마라. 그러면 너희도 심판받지 않을 것이다. 남을 단죄하지 마라. 그러면 너희도 단죄 받지 않을 것이다. 용서하여라. 그러면 너희도 용서받을 것이다. 주어라. 그러면 너희도 받을 것이다. 누르고 흔들어서 넘치도록 후하게 되어 너희 품에 담아 주실 것이다. 너희가 되질하는 바로 그 되로 너희도 되받을 것이다."(루카 6,37-38) 주님께서는 무엇보다도 **심판하지 말고, 단죄하지 말**라고 요청하십니다. 하느님의 심판을 피하려는 사람은 누구나 제 형제자매를 심판하여서는 안 됩니다. 사람들은 심판할 때 겉으로 드러난 것만을 보지만 하느님 아버지께서는 내면 깊숙한 곳을 보십니다. 질투심과 시기심에서 나오는 말은 얼마나 해롭습니까! 어떤 사람들을 험담하는 것은 그들을 곤란한 입장에 빠지게 하고 그들의 명예를 떨어뜨려 사람들의 구설수에 오르게 합니다. 우리가 심판하거나 단죄하지 않는다는 것은 긍정적인 의미에서 다른 사람의 장점을 인정하는 것을 의미합니다. 또한 이는 우리의 편파적인 판단과 모든 것을 알고 있다는 잘못된 생각으로 어떤 사람을 괴롭게 하지 않는다는 것을 의미합니다. 그러나 이것만으로는 자비를 표현하기에 부족합니다. 예수님께서는 또한 우리에게 용서하고 자신을 내어 주라고 요청하십시오. 곧 우리가 먼저 하느님의 용서를 받았기에, 용서의 도구가 되고, 하느님께서 우리에게 한없는 자비를 베푸셨음을 깨달아 우리도 남에게 관대하게 대하라고 요청하십니다.

성년의 모토는 아버지처럼 자비로워져라입니다. 자비 안에서 우리는 하느님께서 우리를 얼마나 사랑하시는지에 대한 증거를 발견합니다. 주님께서는 언제나 대가를 바라지 않으시고 당신을 온전히 거저 내어 주십니다. 주님께서는 우리가 부르면 언제든지 우리를 도와주러 오십니다. 교회가 매일 기도를 "하느님, 저를 구하소서. 주님, 어서 저를 도우소서."(시편 70[69],2)로 시작하는 것은 정말 아름답지 않습니까! 우리가 간청하는 도움은 이미 우리를 향한 하느님 자비의 첫 단계입니다. 그분께서는 우리가 놓인 나약한 상황에서 우리를 구하러 오십니다. 그분의 도우심은 당신의 현존과 가까이 계심을 우리가 깨닫도록 도움을 주십니다. 주님의 자비가 우리를 어루만져 주시어 우리도 나날이 다른 사람들에게 자비로워질 수 있습니다.

15

 우리 시대의 세계가 종종 비참한 방식으로 만들어 낸 사회의 가장 그늘진 곳에서 살고 있는 이들에게 이 성년에 우리는 마음을 열 수 있습니다. 오늘날 이 세상에는 비참하고 고통스러운 상황들이 너무 많이 벌어지고 있습니다! 자신들의 외침이 부유한 이들의 무관심에 파묻혀 들리지 않게 되어 더 이상 목소리를 내지 못하는 이들은 너무도 많은 상처를 입고 있습니다! 이 희년에 교회는 이러한 상처들을 돌보아 주라는 부르심, 그들의 상처에 위로의 기름을 부어 아픔을 덜어 주고 자비로 감싸 주며 연대와 세심한 배려로 치유하여 주라는 부르심을 더욱 강하게 받게 될 것입니다. 모욕적인 무관심이나 우리의 정서를 마비시키고 새로운 것을 발견하지 못하게 하는 습관과 파괴적인 냉소주의에 빠지지 않도록 합시다! 눈을 뜨고 세상의 비참함을, 존엄을 박탈당한 우리 형제자매들의 상처를 보도록 합시다! 그리고 도움을 청하는 그들의 외침에 관심을 기져야 한다는 것을 깨닫도록 합시다! 우리가 그들에게 다가가 도움을 주어 그들이 우리의 현존과 우정과 형제애의 온정을 느낄 수 있게 되기를 바랍니다! 그들의 외침이 우리의 외침이 되고, 우리의 위선과 이기심을 감추려고 기꺼이 빠지는 무관심의 장벽을 모두 함께 무너뜨릴 수 있기를 바랍니다.

저는 이 희년에 그리스도인들이 **자비의 육체적 영적 활동**에 대하여 깊이 생각해 보기를 간절히 바랍니다. 이는 가난이라는 비참함에 무뎌진 우리의 양심을 다시 일깨워 주고, 또한 복음의 핵심을 더욱 깊이 이해하는 길이 될 것입니다. 복음에서는 가난한 이들이 그 누구보다도 하느님의 자비를 더 많이 누립니다. 예수님께서는 자비의 이러한 활동을 우리에게 가르쳐 주시어 우리가 그분의 제자로 살아가고 있는지를 알 수 있게 해 주십니다.

자비의 육체적 활동에 대하여 다시 한번 살펴봅시다. 곧 배고픈 이들에게 먹을 것을 주고, 목마른 이들에게 마실 것을 주며, 헐벗은 이들에게 입을 것을 주고, 나그네들을 따뜻이 맞아주며, 병든 이들을 돌보아 주고, 감옥에 있는 이들을 찾아가 주며, 죽은 이들을 묻어 주는 것입니다. 또한 자비의 영적 활동도 잊지 맙시다. 곧 의심하는 이들에게 조언하고, 모르는 이들에게 가르쳐 주며, 죄인들을 꾸짖고, 상처받은 이들을 위로하며, 우리를 모욕한 자들을 용서해 주고, 우리를 괴롭히는 자들을 인내로이 견디며, 산 이와 죽은 이들을 위하여 하느님께 기도하여야 합니다.

우리는 주님의 말씀을 피해 갈 수 없으며 그 말씀에 따라 우리는 심판받게 될 것입니다. 그 말씀에 따라 우리가 배고픈 이에게 먹을 것을 주었는지, 목마른 이들에게 마실 것을 주었는지, 나그네들을 따뜻이 맞아 주었는지, 헐벗은 이들에게 입을 것을 주었는지, 병든 이들을 돌보아 주었는지, 감옥에 있는 이들을 찾아가 주었는지 심판받게 될 것입니다(마태 25,31-45 참조). 또한 절망으로 몰아넣고 흔히 외로움의 근원이 되는 의혹에서 벗어나도록 우리가 도와주었는지, 가난의 굴레에서 벗어나는 데 필요한 수단을 갖지 못한 수많은 사람들, 특히 어린이들이 무지를 극복하도록 우리가 도와주었는지, 외롭고 고통받는 이들에게 가까이 다가갔는지, 우리에게 잘못을 저지른 이들을 용서하고 폭력을 낳는 온갖 분노와 증오를 떨쳐 버렸는지, 하느님께서 한없이 우리를 참아 주신 것처럼 그렇게 인내하였는지, 우리의 형제자매를 위하여 주님께 기도드렸는지 우리는 대답하여야 할 것입니다. 이 작은 이들 한 사람 한 사람 안에 바로 그리스도께서 계십니다. 고문당한 이들, 상처 입은 이들, 채찍질 당한 이들, 굶주리는 이들과 난민들의 몸에서 드러나는 그리스도의 몸을 우리가 알아보고 만지며 정성껏 돌보아야 합니다. 십자가의 성 요한이 한 말을 잊지 맙시다. "우리의 삶이 저물었을 때 우리는 사랑에 대하여 심판을 받을 것입니다."[12]

16

 우리가 이 희년을 신앙으로 살아가는 데에 도움을 주는 다른 중요한 측면을 루카 복음에서 찾을 수 있습니다. 복음사가는 이야기합니다. 예수님께서 나자렛으로 가시어, 안식일에 늘 하시던 대로 회당에 들어가셨습니다. 사람들은 예수님께 성경을 봉독해 주시고 그에 관하여 말씀해 주시기를 청하였습니다. 예수님께서 봉독하신 이사야 예언서에는 이렇게 기록되어 있습니다. "주님께서 나에게 기름을 부어 주시니 주 하느님의 영이 내 위에 내리셨다. 주님께서 나를 보내시어 가난한 이들에게 기쁜 소식을 전하고 마음이 부서진 이들을 싸매어 주며 잡혀간 이들에게 해방을, 갇힌 이들에게 석방을 선포하게 하셨다. 주님의 은혜의 해를 선포하게 하셨다."(이사 61,1-2) 자비의 해는 주님께서 선포하신 은혜의 해로 우리가 이제 살아가고자 합니다. 이 성년은 이사야 예언자의 말에서 울려 퍼진 예수님의 수많은 사명을 드러나게 할 것입니다. 다시 말해 말과 행동으로 가난한 이들을 위로하고, 현대 사회의 새로운 노예살이에 얽매인 이들에게 해방을 선포하며, 자신 안에 갇혀 있어 제대로 보지 못하는 이들이 다시 볼 수 있도록 하고, 존엄성을 빼앗긴 모든 이가 다시 그 존엄을 찾도록 하는 것입니다. 예수님의 가르침은 그리스도인들이 증언해야 하는 신앙에 대한 응답으로 다시 드러나게 됩니다. "자비를 베푸는 사람이면 기쁜 마음으로 해야 합니다."(로마 12,8) 사도의 이 말씀이 우리와 함께하기를 바랍니다.

17

이 희년의 사순 시기는 하느님 자비를 기념하고 경험하는 가장 좋은 시기로 우리는 이 시기를 더욱 열심히 살아가야 합니다. 사순 시기에 읽는 성경에는 우리가 아버지의 자비로운 얼굴을 다시 찾도록 도와주는 알맞은 묵상 내용이 많이 있습니다! 우리는 미카 예언자의 말을 되풀이할 수 있습니다. 주님, 주님께서는 허물을 용서해 주시고 죄를 못 본 체해 주시며 분노를 영원히 품지 않으시고 오히려 기꺼이 자애를 베푸시는 하느님이십니다. 주님께서는 다시 우리를 가엾이 여기시고 당신 백성에게 자비를 베풀어 주시리라. 주님께서는 우리의 허물을 모르는 체해 주시고 우리의 모든 죄악을 바다 깊은 곳으로 던져 버리시리라(미카 7,18-19 참조).

또한 우리는 이사야 예언자의 말을 통하여 이 시기에 기도와 단식과 자선에 대하여 더욱 구체적으로 묵상할 수 있습니다. "내가 좋아하는 단식은 이런 것이 아니겠느냐? 불의한 결박을 풀어 주고 멍에 줄을 끌러 주는 것, 억압받는 이들을 자유롭게 내보내고 모든 멍에를 부수어 버리는 것이다. 네 양식을 굶주린 이와 함께 나누고 가련하게 떠도는 이들을 네 집에 맞아들이는 것, 헐벗은 사람을 보면 덮어 주고 네 혈육을 피하여 숨지 않는 것이 아니겠느냐? 그리하면 너의 빛이 새벽빛처럼 터져 나오고 너의 상처가 곧바로 아물리라. 너의 의로움이 네 앞에 서서 가고 주님의 영광이 네 뒤를 지켜 주리라. 그때 네가 부르면 주님께서 대답해 주시고 네가 부르짖으면 '나 여기 있다.' 하고 말씀해 주시리라. 네가 네 가운데에서 멍에와 삿대질과 나쁜 말을 치워 버린다면 굶주린 이에게 네 양식을 내어 주고 고생하는 이의 넋을 흡족하게 해 준다면 네 빛이 어둠 속에서 솟아오르고 암흑이 너에게는 대낮처럼 되리라. 주님께서 늘 너를 이끌어 주시고 메마른 곳에서도 네 넋을 흡족하게 하시며 네 뼈마디를 튼튼하게 하시리라. 그러면 너는 물이 풍부한 정원처럼, 물이 끊이지 않는 샘터처럼 되리라."(이사 58,6-11)

사순 제4주일에 앞선 금요일과 토요일에 거행되는 **주님을 위한 24시간**은 모든 교구에서 널리 시행되어야 할 것입니다. 젊은 이들을 포함한 많은 이들이 고해성사로 돌아오고 있습니다. 이들은 흔히 고해성사를 통하여 주님께로 돌아가는 길, 열심히 기도하며 살아가는 길, 삶의 의미를 되찾는 길을 다시 발견하게 됩니다. 우리는 다시 확고하게 고해성사를 중시하여야 합니다. 그리하면 우리는 하느님의 위대하신 자비를 직접 깨닫게 될 것입니다. 고해성사는 고해자 한 사람 한 사람에게 참된 내적 평화의 원천이 될 것입니다.

고해 사제는 하느님 아버지 자비의 참된 표지가 되라고 저는 누누이 강조하고 있습니다. 우리는 느닷없이 좋은 고해 사제가 되는 것이 아닙니다. 좋은 고해 사제가 되려면 우리 스스로가 먼저 하느님께 용서를 청하는 고해자가 되어야 합니다. 고해 사제가 된다는 것은 바로 예수님의 사명에 참여하는 것이며, 용서하시고 구원하여 주시는 하느님의 영원한 사랑을 구체적으로 보여 주는 표지가 된다는 것임을 잊지 맙시다. 우리 사제들은 죄를 용서해 주시는 성령의 은사를 받았으며, 이 일에 책임을 지고 있습니다. 우리는 이 성사의 주인이 아니라 용서해 주시는 하느님의 충실한 종입니다. 모든 고해 사제는 되찾은 아들의 비유에 나오는 아버지와 같이 신자들을 맞이하여야 합니다. 자신의 재산을 탕진해 버렸지만 그 아들을 반기러 뛰어 나가는 아버지처럼 말입니다. 고해 사제는 집으로 돌아오는 참회하는 아들을 끌어안고 그를 되찾은 기쁨을 드러내야 합니다. 고해 사제는 기뻐하지 못하고 밖에 서 있는 다른 아들에게도 다가가 하느님 아버지의 끝없는 자비 앞에서 그의 완고한 생각은 바르지 못하고 아무 소용이 없다는 것을 끊임없이 설명해 주어야 합니다. 고해 사제들은 쓸데없는 질문을 하지 말고 그 비유에 나오는 아버지처럼 돌아온 아들이 미리 준비한 말도 막아 버려야 합니다. 고해 사제들은 도움을 청하고 용서를 비는 고해자 한 사람 한 사람의 마음을 알아야 할 것입니다. 한 마디로, 고해 사제들은 언제나 어디서나 어떠한 상황에서나 그 무엇보다 앞서 자비의 으뜸가는 표지가 되어야 합니다.

18

 이 성년의 사순 시기에 저는 **자비의 선교사들**을 파견하려고 합니다. 그들은 하느님 백성을 보살피는 교회의 어머니다운 배려의 표지가 되어 참으로 신앙의 근본이 되는 이 자비의 신비가 지닌 부요에 하느님 백성이 깊이 들어가게 해 줄 것입니다. 저는 일부 사제들에게 사도좌에 유보되어 있는 죄를 사해 주는 권한을 부여하고, 그 위임 권한의 폭을 분명히 할 것입니다. 무엇보다도 그들은 용서를 구하는 이들을 따뜻이 맞아 주는 하느님 아버지의 살아 있는 표지가 될 것입니다. 자비의 선교사들은 참으로 인간적인 만남을 마련해 주는 이들로서 해방의 원천이 되며, 장애를 극복하고 세례의 새로운 삶을 다시 시작하도록 하는 막중한 책임이 있기 때문입니다. 그들은 사도의 말씀으로 그들의 사명을 수행할 것입니다. "사실 하느님께서 모든 사람을 불순종 안에 가두신 것은, 모든 사람에게 자비를 베푸시려는 것입니다."(로마 11,32) 실제로 모든 사람이 예외 없이 자비의 부르심을 받아야 합니다. 자비의 선교사들은 자신이 "자비로우시며 충실하신 대사제"(히브 2,17 참조)이신 예수님으로 보일 수 있음을 깨닫고 이러한 자비의 부르심을 실행하여야 합니다.

저는 형제 주교님들이 이러한 선교사들을 초대하고 받아들여 그들이 무엇보다도 확신에 찬 자비의 설교자가 될 수 있게 하기를 바랍니다. 모든 교구가 만민 선교를 조직하여 이러한 선교사들이 용서의 기쁨을 전하게 하여야 합니다. 주교들은 자기 신자들에게 고해성사를 주어야 합니다. 그리하여 희년이 우리에게 선사한 은총의 시기에 하느님의 많은 자녀들이 하느님 아버지의 집으로 다시 돌아오는 여정을 시작할 수 있습니다. 특히 사순 시기에 목자들은 열심히 신자들을 다시 불러들여, 그들이 "은총의 어좌로 나아가 자비를 얻고 은총을 받도록" 하기 바랍니다(히브 4,16 참조).

19

용서의 말씀이 모든 이에게 전해지고 자비를 경험하라는 부르심에 그 누구도 제외되지 않도록 하기 바랍니다. 저는 하느님의 은총과는 멀리 떨어진 생활 방식으로 살아가는 이들에게 회개하라고 더욱 간곡히 권유합니다. 저는 특히 모든 범죄 조직에 속한 이들을 생각합니다. 저는 그들이 자신을 위하여 새로운 삶을 살도록 간절히 요청합니다. 저는 죄와 맞서 싸우시지만 죄인을 마다하지 않으시는 하느님의 아드님의 이름으로 이를 요청합니다. 인생이 돈에 달려 있고 돈 앞에서는 그 무엇도 가치와 존엄이 없다고 생각하는 끔찍한 덫에 빠지지 마십시오. 이는 단지 허상에 불과할 뿐입니다! 우리는 이 세상을 떠날 때 그 돈을 가져갈 수 없습니다. 피 묻은 돈을 긁어모으려고 폭력을 행사해 보아야 그 누구도 강해지거나 영원히 살지도 못합니다. 우리는 모두 언젠가 하느님의 심판을 받게 될 것이며, 아무도 이를 피할 수 없습니다.

여기에는 부패를 저지르거나 그에 연루된 사람들도 포함됩니다. 사회의 이러한 곪은 상처는 개인 생활과 사회 생활의 근간을 위협하기 때문에 하늘에까지 이르는 중대한 죄입니다. 부패는 우리가 희망을 가지고 미래를 바라보지 못하게 합니다. 부패의 무도한 탐욕은 약자의 미래 계획을 산산조각 내버리고 가장 가난한 이들을 무참히 짓밟아 버립니다. 바로 이러한 죄악이 일상생활에 파고들어 퍼져나가 공공연히 추문을 일으킵니다. 부패는 우리 마음을 죄로 완고하게 만들어 하느님을 멀리하고 돈이 곧 힘이라는 허상에 빠지게 합니다. 부패는 의혹과 음모로 조장되는 어둠의 활동입니다. 대 그레고리오 성인은 "최고의 부패는 최고의 악이다."(Corruptio optimi pessima)라고 바르게 말하였습니다. 이는 그 누구도 부패의 유혹에서 벗어날 수 없다는 것을 단언하는 것입니다. 우리의 개인 생활과 사회 생활에서 이 부패를 척결하려면 현명함, 경계심, 정직성과 투명성 그리고 어떠한 부정행위라도 고발할 수 있는 용기가 필요합니다. 공개적으로 부패와 맞서 싸우지 않으면, 우리는 모두 언젠가 부패에 가담하여 우리의 삶을 파괴하고 말 것입니다.

지금은 우리의 삶을 변화시킬 수 있는 적절한 때입니다! 우리의 마음을 움직여야 할 때인 것입니다! 악행에 맞설 때, 심지어 중대한 범죄에 맞설 때가 바로 재산을 박탈당하고 존엄과 감정이 짓밟히며 생명마저도 빼앗긴 무고한 이들의 외침에 귀를 기울여야 하는 때입니다. 악의 길에 머무르면 결국 환멸과 비탄에 잠기게 될 뿐입니다. 참된 삶은 완전히 다른 것입니다. 하느님께서는 우리에게 끊임없이 다가오십니다. 하느님께서 언제나 귀 기울이실 준비가 되어 계신 것처럼 저도 저의 형제 주교님들과 신부님들과 함께 그렇게 할 준비가 되어 있습니다. 교회가 마련한 자비의 특별한 시기에 모두 회개하라는 초대를 받아들이고 정의를 따르기만 하면 됩니다.

20

이러한 맥락에서 **정의와 자비**의 관계를 다시 한번 생각해 보면 좋겠습니다. 정의와 자비는 두 가지 대립하는 실재가 아니라 오히려 한 실재의 두 가지 차원으로 충만한 사랑에 이를 때까지 계속해서 발전하는 것입니다. 사람들이 일반적으로 법에 따라 법질서를 준수하는 시민 사회에서 정의는 근본 개념입니다. 또한 정의는 한 사람 한 사람에게 마땅히 주어야 할 것을 준다는 것입니다. 성경에는 하느님의 정의와 판관이신 하느님을 언급하는 내용이 많습니다. 이러한 내용에서 정의는 율법을 온전히 준수하며 하느님의 계명을 따르는 정직한 이스라엘인의 행동을 의미합니다. 그러나 이러한 시각은 종종 정의의 본래 의미를 왜곡시키고 그 깊은 가치를 모호하게 만들어 율법주의에 이르게 합니다. 이러한 율법주의적 관점을 극복하려면, 우리는 성경에서 정의가 하느님의 뜻에 자기 자신을 온전히 내어 맡기는 것임을 명심하여야 합니다.

예수님께서는 누구이 율법의 준수보다 신앙의 중요성을 더욱 강조하십니다. 마태오와 다른 세리들과 죄인들과 함께 식탁에 앉으신 예수님께서 당신에게 의문을 제기한 바리사이들에게 하신 말씀을 바로 이러한 의미에서 이해하여야 합니다. "너희는 가서 '내가 바라는 것은 희생 제물이 아니라 자비다.' 하신 말씀이 무슨 뜻인지 배워라. 사실 나는 의인이 아니라 죄인을 부르러 왔다."(마태 9,13) 예수님께서는 사람들을 단순히 의인들과 죄인들로 나누는 율법의 준수를 정의로 여기는 관점에 맞서시며, 죄인들을 찾아 그들에게 용서와 구원을 주는 자비의 위대한 은사를 보여 주시고자 합니다. 예수님께서는 자비를 해방 활동과 쇄신의 원천으로 여기셨기에, 바리사이들과 율법 학자들에게 거부당하셨습니다. 바리사이들과 다른 율법 학자들은 율법을 준수한다면서 그저 사람들의 어깨에 무거운 짐을 지우고 하느님 아버지의 자비를 가렸습니다. 율법 준수의 권유가 인간 존엄에 대한 배려를 막아서는 안 됩니다.

이러한 점에서 예수님께서 "정녕 내가 바라는 것은 희생 제물이 아니라 신의다."(호세 6,6)라는 호세아 예언서의 말씀을 언급하신 것은 매우 중요합니다. 예수님께서는 몸소 죄인들과 함께 식사를 하시며 당신 제자들에게 이제부터는 그 무엇보다도 자비가 삶의 원칙이 되어야 한다는 것을 역설하시고 이를 몸소 행동으로 보여 주셨습니다. 다시 한번 자비가 예수님 사명의 근본임

이 드러납니다. 자비는 율법을 형식적으로만 지키는 이들에게는 참으로 도전이 되는 일입니다. 그러나 예수님께서는 율법을 뛰어넘으십니다. 율법에서 죄인으로 여겨지는 이들과 함께하시는 예수님을 보면서 우리는 그분의 깊은 자비를 깨닫게 됩니다.

바오로 사도도 비슷한 길을 갑니다. 바오로 사도는 다마스쿠스로 가는 길에 예수님을 만나 뵙기 전까지는 율법의 의로움에 따라 흠잡을 데 없는 삶을 살았습니다(필리 3,6 참조). 그리스도께 돌아서고 나서 바오로는 자신의 생각을 완전히 바꾸고, 갈라티아 신자들에게 이런 편지를 썼습니다. "사람은 율법에 따른 행위가 아니라 예수 그리스도에 대한 믿음으로 의롭게 된다는 사실을 우리는 알고 있습니다. 그래서 우리는 율법에 따른 행위가 아니라 그리스도에 대한 믿음으로 의롭게 되려고 그리스도 예수님을 믿게 되었습니다."(갈라 2,16)

의로움에 대한 바오로의 이해가 근본적으로 바뀝니다. 바오로는 이제 율법이 아니라 신앙을 앞세우게 됩니다. 율법의 준수가 아니라 예수 그리스도에 대한 믿음으로 우리는 구원을 받습니다. 그리스도께서는 당신의 죽음과 부활을 통하여 우리를 의롭게 해 주시는 자비로 구원을 가져다주십니다. 하느님의 정의는 죄와 그 결과에 예속되어 억압받는 이들의 해방이 되었습니다. 하느님의 정의는 용서입니다(시편 51[50],11-16 참조).

21

자비는 결코 정의와 모순되는 것이 아니라 죄인에게 다가가시는 하느님의 활동을 나타내는 것입니다. 하느님께서는 죄인에게 참회하고 회개하여 믿도록 하는 많은 기회를 주십니다. 호세아 예언자의 경험은 자비가 정의를 뛰어넘는 방법을 알려 줍니다. 이 예언자가 살았던 시대는 유다인 역사상 가장 비극적인 때였습니다. 이스라엘 왕국이 붕괴 직전에 있었습니다. 사람들이 계약에 충실하지 못하여 하느님에게서 멀어져 선조들의 신앙을 잃어버렸습니다. 인간의 논리에 따르면 하느님께서 불충한 이들을 배척하시려 한다는 것이 타당해 보일 것입니다. 이들은 하느님과 맺은 계약을 어겼으므로 그에 따른 형벌, 곧 유배를 당하는 것이 마땅하였습니다. "그들은 이집트 땅으로 돌아가고 아시리아가 바로 그들의 임금이 되리니 그들이 나에게 돌아오기를 마다하였기 때문이다."(호세 11,5)라고 예언자가 전한 말씀이 이를 증언합니다. 그러나 이러한 하느님의 정의로운 질책 바로 다음에, 예언자는 어조를 완전히 바꾸신 하느님의 참모습을 드러내 보입니다. "에프라임아, 내가 어찌 너를 버리겠느냐? 이스라엘아, 내가 어찌 너를 저버리겠느냐? 내가 어찌 너를 아드마처럼 내버리겠느냐? 내가 어찌 너를 츠보임처럼 만들겠느냐? 내 마음이 미어지고 연민이 북받쳐 오른다. 나는 타오르는 내 분노대로 행동하지 않고 에프라임을 다시는 멸망시키지 않으리라. 나는 사람이 아니라 하느님이다. 나는 네 가운데에 있는 '거룩한 이', 분노를 터뜨리며 너에게 다가가지 않으리라."(호세 11,8-9) 아우구스티노 성인은 마치 이 예언자의 말씀에 주석을 다는 것처럼 이렇게 말하였습니다. "하느님께서는 자비를 베푸시는 것보다 분노를 참으시는 일이 더욱 쉬우셨습니다."[13] 바로 그렇습니다. 하느님의 분노는 잠시이지만 그분의 자비는 영원합니다.

하느님께서 정의에만 머무르신다면, 그분은 더 이상 하느님이 아니시고 단지 율법 준수만 요구하는 인간과 같게 되실 것입니다. 정의만으로는 충분하지 않습니다. 경험에 비추어 보면 정의만을 요구할 때 결국 정의가 무너지게 됩니다. 그렇기 때문에 하느님께서는 자비와 용서로 정의를 넘어서십니다. 그렇다고 정의를 깎아내리거나 쓸데없는 것으로 여겨야 한다는 것이 아닙니다. 그 정반대입니다. 죄를 지은 사람은 반드시 벌을 받아야 합니다. 그러나 이는 끝이 아니라 회개의 시작일 뿐입니다. 용서의 온유함을 느끼고 회개를 시작하는 것입니다. 하느님께서는 정의를 거부하지 않으십니다. 오히려 하느님께서는 정의를 더 큰 차원 안에 두시고 이를 뛰어넘으십니다. 거기에서 우리는 참된 정의의 바탕이 되는 사랑을 체험합니다. 바오로 사도가 나무랐던 당대 유다인들의 실수를 반복하지 않으려면 우리는 사도의 말씀에 주의를 기울여야 합니다. "하느님에게서 오는 의로움을 알지 못한 채 자기의 의로움을 내세우려고 힘을 쓰면서, 하느님의 의로움에 복종하지 않았기 때문입니다. 사실 그리스도는 율법의 끝이십니다. 믿는 이는 누구나 의로움을 얻게 하려는 것입니다."(로마 10,3-4) 하느님의 정의는 예수 그리스도의 죽음과 부활의 은총으로 모두가 받은 하느님의 자비입니다. 그러므로 그리스도의 십자가는 우리 모두와 세상에 대한 심판입니다. 이를 통하여 하느님께서는 우리에게 사랑과 새로운 삶에 대한 확신을 주셨기 때문입니다.

22

희년에는 대사도 수여됩니다. 자비의 성년에 대사는 훨씬 더 중요한 의미를 갖게 될 것입니다. 하느님께서는 우리 죄인들에게 한없이 자비를 베풀어 주십니다. 예수 그리스도의 죽음과 부활을 통하여 하느님께서는 모든 인간의 죄를 없애 주시는 당신의 사랑과 그 사랑의 힘을 더욱 분명히 드러내 보이십니다. 우리는 파스카의 신비와 교회의 중개로 하느님과 화해할 수 있습니다. 하느님께서는 언제나 용서하여 주실 준비가 되어 계시고 또한 늘 새롭고 놀라운 방법으로 끊임없이 용서하여 주십니다. 그렇지만 우리는 모두 죄를 저지릅니다. 우리는 완전하게 되라는 부르심을 받았다는 것을 알고 있지만, 죄의 무게를 무겁게 느낍니다(마태 5,48 참조). 우리는 우리를 변화시키는 은총의 힘을 느끼지만, 우리에게 영향을 주는 죄의 힘도 느낍니다. 우리는 용서를 받았지만 우리가 지은 죄의 결과로 그에 맞갖은 삶을 살지 못합니다. 고해성사로 하느님께서는 우리의 죄를 용서하여 주시며 그 죄를 완전히 없애 주십니다. 그런데 죄는 우리의 행동과 생각에 부정적인 영향을 끼칩니다. 그러나 자비의 하느님께서는 훨씬 더 강하십니다. 그 자비가 하느님 아버지의 **대사**

가 됩니다. 하느님 아버지께서는 그리스도의 신부인 교회를 통하여 이미 용서받은 죄인에게 다가가시어 죄의 결과로 남은 모든 것에서 그를 해방시켜 주시어, 다시는 죄에 빠지지 않고 자비롭게 행동하며 사랑을 키울 수 있게 해 줍니다.

교회는 성인의 통공으로 살아갑니다. 성찬례에서 하느님께서 주시는 은총인 이 통공은 우리를 성인들과 복자들과 영적인 결합을 이루게 합니다(묵시 7,4 참조). 성인과 복자들의 거룩함은 우리의 나약함에 도움을 줍니다. 그래서 어머니인 교회가 기도와 삶으로 거룩한 이들이 나약한 이들을 도울 수 있게 합니다. 그러므로 성년의 대사는 하느님 아버지의 용서가 믿는 이의 삶 전체에까지 이른다는 확신으로 우리가 당신의 자비에 다가가는 것을 의미합니다. 대사는 교회의 거룩함을 체험하는 것입니다. 교회는 그리스도 구원의 열매를 모든 이에게 전하여 하느님의 사랑과 용서가 땅 끝까지 이르게 하는 것입니다. 이 희년을 충실히 살아가며 하느님 아버지께 우리 죄를 용서하여 주시고 당신의 자비로운 대사로 우리를 깨끗이 씻어 주시기를 간청합시다.

23

자비는 교회 밖에서도 그 힘을 발휘합니다. 자비는 우리를 유다교와 이슬람교와 관계를 맺게 해 줍니다. 이 두 종교는 자비를 하느님의 가장 중요한 속성으로 여깁니다. 이스라엘은 이 계시를 처음으로 받았습니다. 이 계시는 온 인류와 나누어야 하는 헤아릴 수 없는 풍요의 원천으로 역사 안에 남아 있습니다. 잘 알려진 것처럼 구약 성경의 내용은 자비로 가득 차 있습니다. 주님께서 당신의 백성이 가장 어려운 시기에 처해 있을 때 그들을 위하여 하신 활동에 대하여 이야기하고 있습니다. 이슬람교는 창조주를 **자비로우시고 인자하신 분**이라고 부릅니다. 무슬림들은 그들의 나약한 일상에서 자비가 그들과 함께하고 그들을 지지하여 준다고 느끼며 이 호칭으로 자주 기도합니다. 무슬림들도 하느님 자비의 문이 늘 열려 있기에 그 누구도 그 자비에 한계를 둘 수 없다고 믿습니다.

저는 이 자비의 희년에 이 종교들과 또한 다른 고귀한 종교 전통과의 만남이 촉진될 것이라고 믿습니다. 이 희년에 우리가 더 활발한 대화를 나누어 서로를 더욱 잘 알고 이해하게 되기를 바랍니다. 이 희년에 모두 닫힌 마음과 서로 무시하는 마음을 없애고 모든 폭력과 차별을 몰아내기를 바랍니다.

24

저는 이제 자비의 어머니를 생각합니다. 어머니께서 다정한 모습으로 이 성년에 우리와 함께하시어 우리가 모두 하느님의 온유함이 주는 기쁨을 다시 찾을 수 있기를 바랍니다. 하느님께서 사람이 되신 강생의 심오한 신비를 마리아만큼 꿰뚫어 본 분은 없습니다. 마리아의 온 생애는 사람이 되신 자비의 현존을 따라서 이루어졌습니다. 십자가에 못 박히시고 부활하신 분의 어머니께서는 하느님 자비의 지성소로 들어가셨습니다. 어머니께서는 하느님 사랑의 신비에 가장 깊게 참여하셨기 때문입니다.

하느님 아드님의 어머니가 되도록 선택되신 마리아께서는 처음부터 하느님 아버지의 사랑으로 하느님과 인간 사이에 맺은 **계약의 궤**가 되도록 준비되셨습니다. 마리아께서는 당신 아드님이신 예수님과 완전한 일치를 이루어 당신 마음 안에 하느님 자비를 고이 간직하셨습니다. 엘리사벳의 집에 들어서시며 부르신 마리아의 노래는 "대대로"(루카 1,50) 베푸시는 하느님의 자비에 바쳐진 것입니다. 동정 마리아의 예언자적 말씀 안에 우리도 있습니다. 하느님 자비의 열매를 얻고자 성문을 지나가는 우리에게 이 노래는 위안과 도움이 될 것입니다.

십자가 아래에서 마리아께서는 사랑의 제자인 요한 사도와 함께 예수님의 입에서 나온 용서의 말씀을 직접 들으셨습니다. 예수님을 십자가에 못 박은 이들에게 하신 최고의 용서는 하느님 자비가 어디까지 이를 수 있는지를 우리에게 보여 줍니다. 마리아께서는 하느님 아드님의 자비에는 그 끝이 없으며 모든 이에게 예외 없이 이른다는 것을 증언하십니다. 오래되었지만 언제나 새로운 기도인 **모후이시며 사랑이 넘친 어머니**(*Salve Regina*)를 부르며 성모님께 다가갑시다. 성모님께서 자비로운 눈길로 우리를 끊임없이 바라보시며 우리가 당신 아드님이신 예수님의 자비의 얼굴을 바라보게 해 주시도록 기도합시다.

하느님 자비를 자신의 평생 사명으로 삼은 성인과 복자들에게도 기도합시다. 특별히 저는 하느님 자비의 위대한 사도인 마리아 파우스티나 코발스카 성녀를 기억합니다. 하느님의 깊은 자비 안으로 들어오라고 부름 받은 성녀가 우리를 위해 전구하여 우리가 언제나 하느님의 용서와 사랑으로 얻는 확고한 믿음 안에서 살아가게 해 주기를 빕니다.

25

그러므로 저는 하느님 아버지께서 우리에게 끊임없이 베푸시는 자비를 일상생활에서 실천하며 살아가도록 이 특별 성년을 선포합니다. 이 희년에 하느님께서 우리를 놀라게 해 주시도록 합시다. 하느님께서는 우리를 사랑하시고 우리와 함께 당신 생명을 나누어 주시려고 언제나 마음의 문을 활짝 열어 두십니다. 교회는 하느님의 자비를 선포하는 것이 절실히 필요하다고 느낍니다. 교회가 확신을 가지고 자비를 선포할 때 교회의 삶은 참되고 믿을 수 있는 것이 됩니다. 특히 커다란 희망과 심각한 모순으로 가득 찬 이 시대에 교회의 첫째 직무는 그리스도의 얼굴을 바라보며 모든 이를 하느님 자비의 위대한 신비로 이끌어 들이는 것입니다. 그 누구보다도 먼저 교회는 자비의 참된 증인으로서 예수 그리스도 계시의 핵심인 그 자비를 찬양하고 실천하라는 부름을 받고 있습니다. 하느님의 지극히 심오한 신비인 삼위일체의 핵심에서 자비의 커다란 물결이 일어나 끊이지 않고 넘쳐흐릅니다. 아무리 많은 사람들이 찾아와 마시더라도 결코 마르지 않는 샘입니다. 필요한 사람은 누구나 언제든 다가갈 수 있습니다. 하느님 자비는 결코 끝이 없습니다. 이 샘물을 둘러싸고 있는 신비의 깊이는 그 샘물에서 샘솟는 풍요만큼이나 헤아릴 수 없습니다.

　이 희년에 교회가 하느님의 말씀을 널리 전하여, 용서와 지지, 도움과 사랑의 행위와 말씀이 강렬하고 분명하게 울려 퍼지게 하소서. 언제나 용서하고 위로하며 끊임없이 자비를 베풀게 하소서. 교회가 모든 이의 목소리가 되어 확신에 차 끊임없이 노래하게 하소서. "주님, 예로부터 베풀어 오신 당신의 자비와 자애 기억하소서."(시편 25[24],6)

로마 성 베드로 좌에서
교황 재위 제3년
2015년 4월 11일
부활 제2주일, 하느님의 자비 주일 전야

프란치스코

주註

1. 제2차 바티칸 공의회, 하느님의 계시에 관한 교의 헌장 「하느님의 말씀Dei Verbum」, 4장, 참조, 『제2차 바티칸 공의회 문헌』, 한글판, 한국천주교중앙협의회, 2013(제3판6쇄).

2. 제2차 바티칸 공의회 개막 연설, "어머니인 교회가 기뻐한다"(Gaudet Mater Ecclesia), 1962년 10월 11일, 2-3항.

3. 제2차 바티칸 공의회 최종 전체 회의에서 한 연설, 1965년 12월 7일.

4. 제2차 바티칸 공의회 교회에 관한 교의 헌장 「인류의 빛Lumen Gentium」, 16항; 현대 세계의 교회에 관한 사목 헌장 「기쁨과 희망Gaudium Et Spes」, 15항, 한국천주교중앙협의회, 『제2차 바티칸 공의회 문헌』, 개정판 제3판 5쇄, 참조.

5. 성 토마스 아퀴나스, 『신학 대전Summa Theologiae』 II-II, q. 30, a. 4.

6. 연중 시기 제26주일. 이 본기도는 8세기에 『젤라시오 성사집the Gelasian Sacramentary』(1198)의 기도문에 이미 나타난다.

7. 성 베다, 「강론집Homiliae」, 21, 『라틴 그리스도교 문학 전집Corpus Christianorum Series Latina, CCL』 122, 149-151, 참조.

8. 프란치스코, 교황 권고 「복음의 기쁨Evangelii Gaudium」, 2013.11.24., 한국천주교중앙협의회, 2014(제2판 12쇄), 24항.

9. 프란치스코, 교황 권고 「복음의 기쁨Evangelii Gaudium」, 2013.11.24., 한국천주교중앙협의회, 2014(제2판 12쇄), 24항.

10. 「자비로우신 하느님」, 15항.

11. 「자비로우신 하느님」, 13항.

12. 십자가의 성 요한, 「잠언과 영적 권고」, 57, 가톨릭출판사 (1999), 34면.

13. 성 아우구스티누스, 「시편 강론Homilies on the Psalms」, 76, 11.

1 용기 있는 중개 기도

여러분은 과연 아브라함처럼 용기를 가지고 중개 기도를 드리고 있습니까? 혹여 이교 문화의 희생자들인 "오른쪽과 왼쪽을 가릴 줄도 모르는 사람"(요나 4,11)들을 위해서는 눈 하나 깜짝하지 않으면서 자신의 지붕이 되어 준 아주까리가 시드는 것만을 한탄하던 요나와 같은 인색함 속에 머물러 있지는 않습니까?

저 불쌍한 이들을
구원할 가능성은 없는가?

창세 18,20-32; 콜로 2,12-14; 루카 11,1-13

사랑하는 형제자매 여러분! 이번 주일의 독서에 대한 묵상을 하면서 여러분에게 이 편지를 써야겠다고 생각하게 되었습니다. 이유는 모르겠지만, 제 안에서 그렇게 해야 한다는 강한 필요를 느꼈습니다. 처음에는 '나는 기도하고 있는가?'라는 단순한 물음이 일었습니다. 그런데 이 물음은 점차 '우리 대교구의 사제들과 축성봉헌 생활을 하고 있는 남녀 수도자들을 포함해 우리 모두는 과연 기도하고 있는가? 우리는 충분히 기도하고 있는가?'라는 물음으로 흘러갔습니다. 저는 이 물음에 스스로 답해야 했습니다. 이제 여러분도 제가 드리는 이 물음에 각자 마음 깊은 곳에서 답할 수 있기를 바랍니다.

 우리가 매일 직면하는 이러저러한 문제들은 우리에게 그 해결책을 찾고 나아갈 길을 설계하며 뭔가를 이루어 가도록 행동을 촉구합니다. 사실, 우리가 사는 일상은 대부분 이런 일들로 이루어집니다. 우리는 하느님 나라를 위해 일하는 일꾼들입니다. 저녁이 되면 하루의 수고로 피곤함에 지칩니다. 객관적으로 봐도 우리는 게으른 일꾼이 아닙니다. 우리는 이 대교구에서 참으로 열심히 일합니다. 계속해서 사건들이 일어나고 급히 처리해야 할 일도 많습니다. 이렇게 우리는 교회 안에서 주님을 섬기는 일에 우리의 삶을 내놓으려 애쓰고 있습니다.
 다른 한편 우리는 대담하게 자신의 원칙과 유혹적 가치를 선전하는 이교 문화의 무게를 느끼기도 합니다. 이 문화는 우리가 구체적이고 실제적이며 항구한 사도적 활동 안에서 지니는 확신, 그리고 인간 역사와 교회 안에 현존하시며 일하고 계신 주님에 대한 믿음을 뒤흔듭니다.

 그래서 하루를 마감할 때면 가끔 스산함이 우리를 엄습하곤 합니다. 그리고 우리 자신도 의식하지 못하는 사이 이미 사회 전반에 만연해 있는 비관적 생각이 마음속으로 파고듭니다. 그럴 때마다 우리는 패배감에 젖어 '피신처'로 숨어 들어가 자기를 방어하며 뒷걸음질칩니다. 거기서 우리의 영혼은 주름지고 무력감에 빠집니다.

이렇듯 한편으로는 힘겨운 사도적 일 그리고 다른 한편으로는 호시탐탐 침투해 오는 이교 문화 사이에서 신앙을 지키려고 애쓰다가 결국 생존을 위한 최소한의 태도만을 취하게 되는 실천의 무기력과 맞딱뜨립니다. 우리는 이런 태도에 분명 무엇인가 결여되어 있다는 것을 깨닫습니다. 우리는 결코 어리석지 않습니다. 이런 태도는 지나치게 틀에 갇혀 있습니다. 하느님 나라를 선포하는 데 무엇인가 우리의 사도적 적극성을 제한합니다. 혹여 우리가 자신의 힘만으로 모든 것을 하려 들면서 정작 해결책을 제시해야 하는 책임 앞에서는 한 발 물러나 있는 것은 아닌지 모르겠습니다. 우리는 그러면 안 된다는 것을 잘 알고 있습니다. 그런 의미에서 다음과 같은 물음을 제기합니다. '나는 주님을 위한 자리를 마련하는가? 나는 매일의 삶에서 주님께서 활동하시도록 그분께 시간을 내드리는가? 혹여 그분께서

들어오시는 것을 거부하고 내가 모든 것을 해결하려 들기 때문에 너무 바쁜 것은 아닌가?'

용기 있는 중개 기도

가련한 아브라함은, 하느님께서 그에게 소돔을 멸망시킬 것이라는 말씀을 하셨을 때 적잖이 놀랐을 것입니다. 그는 당연히 그곳에 살던 친척들을 염려했을 것입니다. 그러나 아브라함의 생각은 그 이상이었습니다. '저 불쌍한 사람들을 구원할 가능성은 전혀 없는 것일까?' 그렇게 아브라함은 주님과 흥정을 시작합니다. 하느님 앞에서 거룩한 두려움에 떨렸음에도, 소돔 사람들을 생각합니다. 아브라함은 책임감을 느꼈습니다. 그는 하느님 말씀을 듣고 마음이 편치 않았습니다. 이 상황을 타개하기 위해 자신이 개입해야 함을 절감했고, 하느님과 싸우며 어떻게든 그분과 줄다리기를 해야 한다는 것을 인식했습니다. 그에게는 자기 친척만이 아니라 거기 사는 모든 사람이 소중했습니다. 그래서 그들 모두를 위해 중개 기도를 드렸습니다. 이렇게 해서 그는 점점 하느님의 일에 엮여 들어갔습니다. 아브라함은 하느님께 한 번 청원해 본 다음, 자신에게 허락하신 아들에 대한 약속(창세 18,19)만으로 만족하고 더 이상의 조치를 취하지 않을 수도 있었습니다. 그러나 그는 계속해서 주님께 그들의 구원을 위해 간청했습니다. 아마도 아브라함은 죄 중에 있는 이 백성을 무의식중에 자기 아들처럼 여겼던 것 같습니다. 그의 중개 기도는 주님을 진노케 할 위험마저 감수한 용기 있는 것이었습니다. 그것은 참으로 용기 있는 중개 기도였습니다.

저는 우리의 사도적 활동에서 담대함, 용기, 열정을 가져야 한다고 몇 번 말씀드린 바 있습니다. 우리는 기도할 때에도 그런 태도를 지녀야 합니다. 다시 말해, 우리는 담대하게 기도해야 합니다. 단지 한 번 청한 것으로 만족해서는 안 됩니다. 그리스도교적 중개 기도는 한계에 부딪칠 때까지 끈질기게 이루어져야 합니다. 다윗도 죽어 가던 아들을 위해 그렇게 주님께 기도하며 은총을 간구했습니다(2사무 12,15-18). 모세도 자신의 안락과 개인적 이득, 위대한 민족의 지도자가 될 수 있는 가능성(탈출 32,10) 등을 모두 포기한 채, 주님을 배반한 이스라엘 백성을 위해서 그렇게 기도했습니다(탈출 32,11-14; 민수 14,10-19; 신명 9,18-20). 모세는 자신의 입장을 바꾸지도 백성과 타협하지도 않았으며 그들의 회개를 위해 끝까지 싸웠습니다. 우리는 축성봉헌 생활이나 교회의 직무를 위해 주님께 부름 받았음을 알기에 모든 무관심과 안락, 개인적 이득을 멀리하고 하느님 백성을 위해 투쟁해야 합니다. 하느님께서는 바로 이 백성을 위해 우리를 선택하셨고 그들을 위해 봉사하도록 우리를 파견하셨습니다.

그러므로 우리도 아브라함처럼 진정한 용기로 하느님 백성의 구원을 위해 하느님과 흥정해야 합니다. …… 이스라엘이 아말렉과 싸우는 동안 기도하던 모세의 팔이 힘들어 차츰 내려갔듯 이는 우리를 지치게 합니다(탈출 17,11-13 참조). 그럼에도 중개 기도는 결코 느슨해져선 안 됩니다. 우리는 단지 완수하기 위해, 양심에 거리끼지 않기 위해 단순히 심미적心美的 차원에서 내면의 평화를 누리기 위해 기도해서는 안 됩니다. 우리는 기도할 때 무엇보다 우리 백성을 위해 싸워야 합니다. 그렇다면 여러분은 과연 그렇게 기도하고 있습니까? 혹여 지치고 싫증나서, 또 이런 분쟁에 말려들고 싶지 않아서, 그리고 나와 관련된 일만 잘되면 그만이라는 생각을 가지고 있지는 않습니까? 여러분은 과연 아브라함처럼 용기를 가지고 중개 기도를 드리고 있습니까? 혹여 이교 문화의 희생자들인 "오른쪽과 왼쪽을 가릴 줄도 모르는 사람"(요나 4,11)들을 위해서는 눈 하나 깜짝하지 않으면서 자신의 지붕이 되어 준 아주까리가 시드는 것만을 한탄하던 요나와 같은 인색함 속에 머물러 있지는 않습니까?

예수님은 복음서에서 다음과 같이 분명히 말씀하십니다. "청하여라, 너희에게 주실 것이다. 찾아라, 너희가 얻을 것이다. 문을 두드려라, 너희에게 열릴 것이다."(마태 7,7) 그리고 이 점을 잘 이해할 수 있도록 우리에게 예를 하나 들어 주셨습니다. 어떤 사람이 한밤중에 이웃집으로 가서 빵 세 개만 달라며 문을 두드렸습니다. 그에게는 예의범절이 중요하지 않았습니다. 그의 관심사는 오직 자신을 방문한 손님을 위해 그 사람에게서 음식을 구하는 것뿐이었습니다. 때에 상관하지 않고 구하고자 하는 바를 얻기 위해 이 사람처럼 간절히 청했던 사람이 한 명 더 있습니다. 제자들의 험담을 무릅쓰고(마태 15,23) 심지어 자신을

'개'(마태 15,27)에 빗대는 말에도 아랑곳없이 자신이 얻고자 했던 것, 곧 딸의 치유를 위해 혼신의 노력을 다했던 가나안 여인입니다(마태 15,21-28). 이 여인이야말로 기도 가운데 용기 있게 싸울 줄 알았던 사람이었습니다.

주님께서는 "누구든지 청하는 이는 받고, 찾는 이는 얻고, 문을 두드리는 이에게는 열릴 것이다."(마태 7,8) 하시며, 항구히 또 끈질기게 기도할 때 반드시 원하는 것을 얻게 될 것이라고 우리에게 약속하셨습니다. 이어서 왜 그렇게 되는지 설명해 주십니다. 하느님은 아버지시기 때문입니다. "너희 가운데 어느 아버지가 아들이 생선을 청하는데, 생선 대신에 뱀을 주겠느냐? 달걀을 청하는데 전갈을 주겠느냐? 너희가 악해도 자녀들에게는 좋은 것을 줄 줄 알거든, 하늘에 계신 아버지께서야 당신께 청하는 이들에게 성령을 얼마나 더 잘 주시겠느냐?"(루카 11,11-13) 이처럼 신뢰로써 항구하게 청하는 기도에 대한 주님의 응답은 우리의 상상을 훨씬 넘어섭니다.

주님께서는 우리가 청하는 것 이상으로 우리에게 성령을 선사해 주실 것입니다. 예수님께서는 우리에게 끊임없이 기도하라고 권고하시며 우리를 삼위일체의 신비로 이끌어 주십니다. 당신의 거룩한 인성人性을 통해 우리를 성부께 인도해 주시며 성령을 약속하십니다.

다시 아브라함의 모습과 그가 구하고자 하는 도시로 돌아가 봅시다. 우리는 모두 우리가 몸담고 사는 세상의 불신앙, 우리의 신념과 신앙을 약화시키는 가치관에 대해 잘 알고 있습니다. 우리는 매일 이 세상의 권력가들이 살아 계신 하느님을 쫓아내고 그분 대신 유행이란 우상으로 대체하려는 시도를 경험하며 삽니다. 또한 우리는, 성부께서 창조하신 세계를 통해 그리고 예수 그리스도께서 구원 사업을 통해(제2독서 콜로 2,12-14 참조) 우리에게 베풀어 주신 풍요로운 삶이 소위 '죽음의 문화'로 대체되고 있음을 보고 있습니다. 더 나아가 잘못된 정보와 중상모략, 비방으로 교회의 이미지가 얼마나 손상되고 왜곡되어 가는지 봅니다.

또한 교회가 신자들에게 더 이상 좋은 것을 해 줄 수 없다며 비방하는 소리를 듣곤 합니다. 뿐만 아니라 여러분의 자녀들은 대중 매체 속에서 점점 더 윤리 의식을 잃어 가고 있습니다. 대중 매체에서는 성스러움을 중요한 소식으로 취급하지 않습니다. 오히려 그것은 대중 매체를 사용하는 사람들에게 걸림돌로 치부되고 있을 뿐입니다. 과연 누가 이런 세속화된 경향에 맞서 싸울 수 있겠습니까? 우리 가운데 누가 순전히 인간적인 수단들, 사울의 병기만으로 싸울 수 있을까요?(1사무 17,38-39 참조)

지금은 기도해야 할 때

여러분은 이 사실을 분명히 염두에 두어야 합니다. 우리가 해야 할 싸움은 인간적 권력을 가진 자들과 하는 것이 아니라 어둠의 세력에 대항하는 것입니다(에페 6,12 참조). 예수님께서도 겪으셨듯이(마태 4,1-11 참조), 사탄은 우리를 유혹하고 방향을 잃게 하며 가능한 다른 선택을 하도록 제시합니다. 그러므로 우리는 우리 자신만을 믿거나 스스로 충분하다고 생각해서는 안 됩니다. 우리는 모든 사람과 더불어 대화를 나눠야 합니다.

그러나 유혹과는 절대 대화하지 말아야 합니다. 주님께서 광야에서 그러하셨듯이, 우리 또한 유혹을 만나면 하느님 말씀의 힘 안으로 피신하며 기도해야 합니다. 그 기도는 어린아이의 기도이자 가난한 이의 기도이며 단순한 이의 기도여야 합니다. 그것은 자신이 하느님의 자녀임을 알고 하느님 아버지께 도움을 청하는 이의 기도를 말합니다. 또한 그것은 겸손한 이의 기도요 아무것도 가진 것 없는 가난한 이의 기도입니다. 겸손한 이는 더 이상 잃어버릴 것이 없습니다. 오히려 하느님께서 그에게 길을 보여 주십니다(마태 11,25-26). 주님께서는 우리에게 아직은 승리에 도취해서 수확할 때가 아니라고 말씀하십니다. 원수는 우리 문화 속에서 주님의 밀 가까이에 가라지를 뿌렸습니다. 그래서 그 둘이 함께 자라는 까닭에 아직은 수확할 때가 아닙니다. 지금은 무엇보다도 고개를 숙이고 다윗의 무릿매를 사용하기 위해 다섯 개의 돌을 집어 들 때입니다(1사무 17,40 참조). 지금은 기도해야 할 때입니다.

어떤 사람은 제가 묵시적이 되었거나 아니면 마니교의 이원론적 공격을 받은 것은 아닐까 하고 생각할지도 모르겠습니다. 묵시적이라는 말은 받아들일 수 있습니다. 왜냐하면 묵시록은 교회의 일상생활에서 늘 염두에 두어야 할 책이며, 우리가 하는 행동 하나하나에서 종말론적 전망을 발견할 수 있도록 해 주기 때문입니다. 하지만 마니교의 이원론이라는 말에 대해서는 그렇지 않다고 봅니다. 저는 밀과 가라지를 구분하는 것이 우리의 일은 아니라고 확신하기 때문입니다(이 일은 추수할 때 천사들이 해야 할 몫입니다). 물론 그 둘을 식별하는 일은 해야 합니다. 그래야 혼란에 빠지지 않고 밀도 잘 보호할 수 있기 때문입니다.

성모님을 생각해 봅니다. 성모님이시라면, 일상의 모순들을 어떻게 살아내시고 그에 대해 어떻게 기도하셨을까요? 아인 카림Ain Karim에서 돌아오시던 성모님의 마음은 어떠셨을까요? 그분 안에 이미 모성의 표지들이 분명히 드러났을까요? 성모님은 요셉에게 무슨 말씀을 하실 수 있었을까요? 나자렛을 떠나 베들레헴으로 그리고 피신하기 위해 이집트로 향하던 여행에서, 그리고 시메온과 안나가 찬미의 예배를 준비할 때, 또 당신 아드님이 예루살렘 성전에 남아 계시던 날, 그리고 아드님이 달리신 십자가 아래에서…… 성모님은 하느님과 무슨 이야기를 나누셨을까요? 이런 일들을 비롯해 다른 여러 모순된 상황에서 그분은 끊임없이 기도하셨습니다. 그분은 시대의 징표를 읽고 이해하며 밀을 잘 돌볼 수 있도록 아버지 앞에서 마음을 다해 은총을 청하면서 혼신의 노력을 기울이셨습니다. 요한 바오로 2세 교황은, 이런 성모님이 "특별한 마음의 부담"(『구세주의 어머니』 17항)을 느끼셨을 것이라고 말씀하십니다. 이러한 기도의 수고는 어떠한 피로나 지루함과는 전혀 다른 것입니다.

그래서 기도는 우리에게 평화와 신뢰를 주지만 동시에 마음을 수고롭게 한다고도 할 수 있습니다. 그것은 무엇보다 자기 자신을 기만하지 않는 사람, '부정하고 타락한 이 세대'에서 자신이 소수임을 자각하는 사람, 하느님께서 당신 백성을 구원하시도록 매일 하느님과의 투쟁을 각오하는 사람이 겪어야 하는 수고입니다.

여기서 우리는 다음과 같이 물어볼 수 있습니다. '과연 다른 신자들을 위해 용기 있게 중개 기도를 드리며 수고하고자 하는 마음이 내게 있는가? 이와 동시에 나는 이런 수많은 투쟁 속에서도 하느님과의 친교 안에서 맑고 고요한 평화를 지니고 있는가?' 기도하는 마음에는 수고와 평화가 함께합니다. '나는 사목 활동 중에 부딪히는 수많은 상황 속에서 모든 것을 진지하게 받아들이고 책임지는 것이 무엇을 의미하는지 알아듣고 있는가? 또한 사람들을 돕기 위해 인간적으로 할 수 있는 최선을 다하면서 그 상황이 나아지도록 중개 기도를 드렸는가? 나는 기도 가운데 모든 걱정을 주님께 온전히 맡겨 드리는(시편 55,23) 의탁의 체험을 맛보고 있는가?'

사도 바오로가 했던 다음의 권고를 깨닫고 그대로 따를 수 있다면 얼마나 좋겠습니까? "아무것도 걱정하지 마십시오. 어떠한 경우에든 감사하는 마음으로 기도하고 간구하며 여러분의 소원을 하느님께 아뢰십시오. 그러면 사람의 모든 이해를 뛰어넘는 하느님의 평화가 여러분의 마음과 생각을 그리스도 예수님 안에서 지켜 줄 것입니다."(필리 4,6-7)

이것이 제가 이번 주일 세 개의 독서 본문을 묵상하면서 느낀 점입니다. 저는 이 묵상을 여러분을 비롯해 저와 힘께 하느님의 충실한 백성을 돌보는 모든 사람과 나눠야 한다고 생각했습니다. 주님께서 우리 가운데 사실 때 그러셨듯이, 우리 또한 더욱 기도하는 사람들이 되도록, 아버지 하느님께 끊임없이 간구하는 사람들이 되도록 주님께 은총을 청합니다. 성령께서 우리를 살아 계신 하느님의 신비 속으로 인도해 주시며 우리 마음속에서 친히 기도해 주시기를 청합니다.

오늘 제2독서(콜로 2,12-14)가 선포하듯이 우리는 이미 승리했습니다. 저는 여러분이 이 승리를 바탕으로 기도 가운데 하느님과 더불어 살며 그분과의 친밀함 속으로 더욱 깊이 들어가 사도적 활동에 전념하기를 기원합니다(히브 10,39 참조). 또한 여러분이 기도와 활동을 통해 이러한 담대함을 키워 가기를 부탁드립니다. 여러분은 그리스도 안에서 성숙한 성인이자 우리에게 맡겨진 어린아이이기도 합니다. 여러분은 기도 가운데 수고하는 마음을 지니고 끝까지 최선을 다하는 일꾼이 되어야 합니다. 우리를 불러 주신 예수님께서는 우리가 그렇게 살아가기를 바라십니다.

주님께서 우리의 사도적 활동, 우리가 겪는 어려움, 우리의 투쟁이 단지 우리 안에서 시작되고 마쳐지는 인간적인 일이 아니라는 사실을 깨달을 수 있는 은총을 허락해 주시기를 빕니다.

그것은 우리의 싸움이 아니라 '하느님의 전쟁'(2역대 20,15)입니다. 이러한 깨달음을 통해 여러분이 매일 기도에 더 많은 시간을 할애할 수 있기를 빕니다.

마지막으로 저를 위해서도 계속 기도해 주시기를 청합니다. 저에게는 여러분의 기도가 필요합니다. 예수님께서 여러분을 축복하시고 성모님이 보살펴 주시기를 빕니다. 형제적 사랑을 담아······.

2007년 7월 29일

서로에게 가까이
다가가십시오

루카 24,13-35

"아르헨티나여! 일어나십시오!"

    오늘 우리 아르헨티나인들에게 애국심의 시발점이 된 5월 혁명(첫 자치 정부가 세워진 1810년 5월 25일-역자 주)을 새롭게 기념하는 것은 아버지 하느님께서 우리 선조들을 통해 주신 선물들에 대해 감사하도록 우리를 하나로 모아 줍니다. 우리 선조들은 이 선물을 위해 수고하며 힘겨운 삶을 살았고 투쟁하며 죽어 갔습니다. 오늘 우리가 하느님께 감사드리는 것은 아무런 결실 없는 그리움에 젖거나 형식적으로 기억하는 것과는 다릅니다. 그것은 무엇보다 오늘 우리를 흔들어 깨우며 새로운 지평을 열도록 이끄시는 하느님 아버지의 초대에 응답하는 행위입니다. 그러므로 하느님께 감사드립시다. 왜냐하면 아직도 이 대성당에는 요한 바오로 2세 교황이 우리 조국을 방문하셨을 때 하셨던 초대의 말씀이 생생히 울려 퍼지고 있기 때문입니다. "아르헨티나여, 일어나십시오!"

이 땅에 사는 모든 사람은, 그가 어디서 왔든 간에, 이 민족의 번영을 추구하는 선한 의지 하나만으로도 이 부르심에 초대를 받은 것입니다. 오늘 우리가 다시금 귀 기울여 듣고자 하는 "아르헨티나여, 일어나십시오!"라는 초대는 우리가 처한 상황에 대한 진단과 함께 우리에게 희망의 메시지를 던져 주고 있습니다. 떨쳐 일어나는 것은 부활의 징표이자 우리가 몸담고 사는 이 사회에 다시금 생기를 불어넣는 것을 의미합니다. 아르헨티나 교회는 그것이 자신의 내적 삶뿐 아니라 사회 전체를 향한 새로운 복음화의 요청임을 잘 알고 있습니다.

루카 복음서 24장 13-35절에는 우리가 부모와 통치자, 사목자로서의 사명에 충실하고 '백성 됨'에 충실할 수 있도록 빛을 주는 주님의 교육 방법이 담겨 있습니다. 그것은 가까이 다가서는 것이고 동반하는 것입니다.

오늘 복음 이야기는 엠마오로 가는 두 제자를 언급하면서 그들의 여정을 보여 줍니다. 그들이 걸었던 여정은 단순한 여행이 아니라 도피 행각이었습니다. 사실 그들은 비통함과 절망에 대해 이야기하며 부활의 기쁨으로부터 도망치고 있었습니다. 그들은 주님께서 자신들에게 주러 오신 새로운 생명을 보지 못했습니다. 앞서 교황이 언급한 말씀을 바탕으로 보면, 그 제자들은 아직 내적 잠에서 깨어나지 못했던 것입니다. 곧, 그들은 생명의 선물이신 주님께서 그들 곁으로 다가와 걷고 계신데도 그분을 알아볼 수 있는 눈이 없었던 것입니다.

우리 아르헨티나 사람들은 우리 땅이 간직한 부를 바탕으로 수많은 선물을 누리며 살았습니다. 우리 민족의 역사는 신비 속에서 드러나는 그리스도의 영과 함께해 온 역사였습니다. 우리 역사에는 이 땅에서 살고 일했던 수많은 사람의 노고와 각자 자신의 재능과 윤리, 창의성, 생명을 기꺼이 내어 놓은 사람들의 침묵의 증언이 담겨 있습니다. 우리 민족은 조국과 자신이 간직하고 있는 깊은 신념에 대한 기억을 사랑한다는 것이 무엇인지 잘 알고 있습니다. 아르헨티나 사람들의 깊은 종교심, 자발적 연대, 사회적 투쟁과 주도성, 축제와 예술을 즐기는 능력에는 부활하신 분이 선사하시는 생명의 선물이 투영되어 있습니다. 우리는 무엇보다 주어진 환경과 다가오는 역경을 극복하며 정체성을 의식하는 민족이기 때문입니다.

우리는 우리가 지닌 다양한 모습 속에서 각자의 개성을 존중하고 스스로를 자각할 수 있는 민족입니다. 그러나 그러한 능력들이 역사를 통해 언제나 끊임없이 계획되고 계발된 것은 아닙니다. 또한 공동체적 의식이 늘 있어 왔던 것도 아닙니다. 그래서 우리는 도망가던 제자들과 마찬가지로 삶의 여정에서 체험한 쓴맛에 사로잡혀 있다고 할 수 있습니다. 우리는 희미한 미래에 대한 긴급한 요청을 볼 수 없게 만드는 여러 가지 문제들에 지쳐 있습니다.

이러한 피로와 절망은 우리가 당면한 중요한 난관을 보지 못하게 만듭니다. 지금도 계속되고 있는 세계화 과정은 우리가 갖고 있는 이율배반들을 적나라하게 드러내 보여 주고 있습니다. 경제적 성장과 이에 대한 지지가 국가적 차원에서 대부분의 삶의 영역을 독점해 버리고 말았습니다. 그리하여 우리 대부분은, 자존감은 물론 존재의 보다 깊은 의미, 곧 인간성과 보다 존엄한 삶을 살아갈 수 있는 가능성을 잃어버릴 위험에 처해 있습니다. 요한 바오로 2세 교황은 사도적 권고 『아메리카 교회』에서 이러한 세계화가 갖는 부정적 측면을 지적한 바 있습니다. "강자 위주의 시장 원리에만 따르게 되면 세계화의 결과는 부정적일 수밖에 없습니다. 예를 들면, 경제 최우선주의, 실업 문제, 공공 서비스의 감소와 저하, 환경과 자연 자원 파괴, 빈부 격차의 심화, 가난한 나라를 더욱 열등하게 만드는 불공정한 경쟁 등이 그러한 부정적인 결과입니다."(『아메리카 교회』 20항)

이렇듯 우리는 국제적 차원에서 제기되는 문제들과 거기서 파생되는 다양한 실제적 문제들을 대면하면서 무력감을 느끼곤 합니다. 그러한 한계와 좌절에 직면하게 되면 단지 원칙만을 제시하며 실제적인 해결보다 형식적인 틀이 지닌 우위성만 강조하는 윤리주의에 머물거나 미지근한 태도로 자신의 권리만 주장하는 데 급급할 수 있습니다. 그런데 그보다 더 나쁜 것은 함께 짊어져야 할 공동 사안에 대해 관심을 갖지 않고 불신만 키우고 소비하는 데만 푹 빠져서 '오직 순간을 살고자 하는 모습'으로 끝나 버리는 것입니다.

우리는 소극적이어서는 안 됩니다. 모든 이의 필요와는 거리가 먼, 서로 다른 이익 집단이 활개치는 현 상황에서 사회적 해체라고 하는 어두운 그림자가 우리에게 드리우고 있습니다. 우리 자신을 포기한 어두운 결과로 공허함과 무법 상태가 생겨 날 수 있으며, 이는 우리 민족이 이어온 연속성을 단절시킬 것입니다. 이런 상황에 직면해서 우리 아르헨티나 사람들은 엠마오의 제자들처럼 절망 속에서 불평만 하렵니까? 아니면 절망에 빠진 제자들을 부르셨던 부활하신 주님의 음성을 듣고 분연히 일어나 예언적 말씀을, 곧 우리 역사를 건설해 가는 데에 중요했던 구원의 순간들을 기억하며 응답하겠습니까?

우리의 역사는 그리스도의 수난과 마찬가지로 수많은 교차짐과 긴장, 갈등으로 점철되어 있습니다. 하지만 이 믿음의 민족은 서로 결속하고 수고하면서 근본적이고 사회적인 공동 연대로 정치적 우정을 다져 왔고 자신의 어깨에 민족의 운명을 짊어질 줄 알았습니다. 그리고 바로 이 점이 우리의 삶에 위대한 흔적을 남겼습니다. 우리 아르헨티나 사람들은 '일부분이 될 줄' 알고, '~의 일부분'으로 자신을 받아들일 줄 압니다. 우리는 서로에게 가까이 다가가 함께 짝을 이룰 줄 압니다. 우리 민족은 개인적·공동체적 창의력을 바탕으로, 자발적으로 대중적 조직을 이룰 줄 아는 적극적인 모습을 바탕으로, 시민적·정치적·사회적으로 중요한 변화를 이루어야 할 순간들을 잘 파악해 왔습니다. 문화적, 학문적 성과를 이루어 냄으로써 우리를 고립된 상황에서 끌어냈고, 이를 통해 우리의 가치를 보여 주었습니다. 이런 순간들은 우리가 겪었던 민족적, 역사적 혼란을 넘어 우리 민족의 정체성을 깨닫게 해 주었습니다. 이것은 우리 형제들의 수고와 희생을 바탕으로 이루어졌습니다. 우리는 언제나 영웅적으로 이런 순간들을 깊이 숙고하며 살았습니다. 그러므로 이제는 개인의 이익이나 이데올로기, 순전히 파괴적 비판주의로 왜곡된 메마르기 짝이 없는 역사 의식을 내려놓아야 합니다.

우리의 역사는 보다 높은 진리를 향해 있습니다. 그리고 무엇이 우리를 일치시켰고 무엇이 우리를 파괴했었는지 다시 기억하게 함으로써 실패보다는 성공으로 나아가도록 우리를 초대하고 있습니다. 우리는 우리가 겪었던 고통과 실패를 숙고하면서 우리가 기억하는 모든 것이 궁극적으로는 평화를 정착시키고 권리를 바로 세우기 위한 것임을 알아야 합니다.

또한 우리의 기억은 형제를 죽음에 이르게 하는 증오와 폭력에 깨어 있으면서 공동의 이익을 향해 우리를 이끌어 가야 합니다. 최근에 죽어 간 수많은 이의 침묵의 소리가 우리를 강하게 흔들어 깨우며 더 이상 똑같은 잘못을 반복하지 말라고 천상에서 외치고 있습니다. 이러한 자각이야말로 그들이 짊어져야 했던 비극적 운명을 멈추게 할 수 있습니다. 두려움 속에 걸었던 엠마오의 제자들처럼, 오늘 우리가 지고 있는 수많은 십자가가 결코 헛되지 않음을 우리는 기억해야 할 것입니다.

새로운 누룩을 위한 연대

우리는 역사를 되돌아봄으로써 우리가 이룩한 눈부신 성과들을 더욱 심화시켜야 합니다. 이 성과들은 피상적으로 잠시 훑어보는 것만으로는 발견할 수 없습니다. 최근에 전혀 나아질 것 같지 않은 사회적 구조악의 순환으로 드러나는 정치적 분열을 극복하면서 민주적 체제를 굳히기 위한 또 다른 노력들이 나타나고 있습니다. 오늘날 사람들은 시민들의 공동 연대를 가능하게 하는 길로서의 규범을 존중하고 대화를 나누며, 이를 수용하고자 합니다. 우리는 엠마오로 가던 제자들처럼 향수와 비관주의를 버리고 만남에 대한 갈증을 해소할 줄 알아야 합니다. "저희와 함께 묵으십시오. 저녁때가 되어 가고 날도 이미 저물었습니다."(루카 24,29) 이렇게 복음서가 우리에게 길을 보여 줍니다.

그리스도와 함께 식탁에 앉아 그분의 심오한 몸짓을 떠올려 봅시다. 축복의 빵은 나누어야 합니다. 그 빵은 희생과 수고의 열매입니다. 그것은 영원한 생명의 표상임과 동시에 지금 여기서 실현되어야 하는 것입니다.

형제 여러분, 사실 이것은 단순히 함께 나누기 위한 초대가 아닙니다. 그리고 우리를 반대하는 사람들, 우리를 가로막는 역경과 단순하게 화해하는 것도 아닙니다. 부활하신 주님의 빵을 나누기 위해 식탁에 앉는 것은 다른 방식으로 살기 위해 용기를 내는 일입니다. 그래서 최선의 노력을 다해 만든 이 빵, 고통과 수고 그리고 성공의 많은 순간이 담긴 누룩으로 만든 이 빵은 우리에게 도전이 됩니다. 이 복음적 소명은, 아르헨티나인들 안에 사회적, 정치적 관계를 다시 바로 세우도록 우리를 초대합니다.

   정치적인 사회는 인간의 공통적 필요들을 충족시키는 소명에 충실할 때 지속될 수 있습니다. 그리고 사회는 시민의 공간입니다. 시민이 된다는 것은 선善을 향해, 의미 있는 목적을 향해 함께 불림 받았다는 것을, 약속을 지킨다는 것을 의미합니다. 만일 사회적 구조가 파괴되어 소수의 사람만이 이익을 챙기고 대다수의 희생을 강요하며 균열이 심해지는 사회가 된다면, 아르헨티나의 여정은 대립 속에 무너지고 말 것입니다.

   우리를 민족 의식의 깊은 데서부터 하나로 결속시키며 함께 빵을 나누라는 이 부르심은 경이롭습니다. 우리 사회에 드러나고 있는 현상과 기회주의의 이면에는 공동체의 기억을 간직한 채 기품 있게 여정을 지속해 가는 이들이 존재합니다. 공동체적 수고와 생각들, 국민의 주체적 성장, 서로가 서로를 돕기 위한 수많은 운동의 활성화 등은 하느님께서 우리 곁에 현존하신다는 표지였습니다. 그 뒤에는 서로 연대하며 언제든 새롭게 일어설 준비가 된 국민이 있습니다. 그 국민은 생존을 위한 필수 조건을 요구하고 무기력한 관료주의를 비판할 뿐만 아니라 사회적 결속을 새롭게 다지고자 합니다. 또한 공동선을 자연스럽게 추구하면서 동반자가 되고 가난이 가져오는 공허와 절망적 상황을 변화시키길 원합니다. 그 국민은 단순한 기록으로 축소될 수 없는 소중한 기억을 간직하고 있습니다.

바로 여기에 우리 민족의 위대함이 있습니다. 저는 우리 아르헨티나 민족에게서 우리만의 고유한 품성에 관한 의식을 고취시키고자 합니다. 그것은 역사의 중요한 순간마다 발휘되어 온 의식입니다. 우리 민족은 혼魂을 갖고 있습니다. 우리는 우리의 민족혼에 대해 말할 수 있기 때문에 현실을 판단하고 이해하기 위한 해석과 실재를 바라보는 방식, 의식에 대해서도 말할 수 있습니다. 오늘날 우리 민족은 많은 갈등을 겪고 있습니다. 그러나 이를 넘어서기 위해 실재를 이념으로 바꾸려 하는 사람들, 곧 이론만 강조하는 지식인들이나 좋은 의도를 갖지 못한 윤리주의자들에게 의지해선 안 됩니다. 오히려 우리가 한 민족으로서 지닌 깊은 품성과 지혜, 문화를 통해 갈등을 넘어서야 한다고 가르치는 사람들에게 주목해야 합니다.

이것이야말로 진정한 혁명입니다. 이는 반체제적 혁명이 아니라 내적 혁명입니다. 이는 기억과 다정한 사랑으로 이루어지는 혁명입니다. 곧 우리 민족의 바탕이 된 위대하고 영웅적인 행위들과 가정에서 익힌 소박한 몸짓들에 대한 기억을 말합니다. 우리가 사명에 충실하다는 것은 이런 마음의 '불씨'를 잘 살리는 것을 의미합니다. 우리는 망각이라는 함정과도 같은 재, 우리 조국과 가족에게 역사가 없다고 여기는 오류, 역사에 대한 잘못된 자부심을 경계하며 이런 마음의 '불씨'를 잘 지켜야 합니다.

기억의 불씨는 불을 피우기 위해 달아오른 숯처럼 우리를 위대하게 만드는 가치들을 함축하고 있습니다. 곧 이 기억의 불씨는 삶을 영위하고 죽음을 받아들이는 방식, 가난한 우리 형제들의 연약함을 돌아보고 그들의 고통과 가난에 연대하면서 서로에게 손을 내미는 방식, 축제를 지내고 기도하는 방식 등을 더욱 깊이 있게 해 줍니다. 나아가 우리가 공통으로 짊어지고 있는 가난의 굴레에서 벗어나기 위해 함께 일하면서 연대하도록 이끌어 줍니다.

우리 모두가 자신 안에 지니고 있는 이 힘은 서로를 결속시키고 생명력을 불어넣어 줍니다. 이 힘이 드러나려면, 특히 정치적, 경제적 차원을 비롯한 다양한 차원에서 사회에 영향력을 행사하는 사람들이 자신만의 이익 추구와 권력 남용을 하지 말아야 합니다. 우리에게 주어진 사명을 소박하고 엄숙한 마음으로 받아들여야 합니다.

　새로운 사회적 결속의 주체인 국가 공동체 안에서 우리 민족이 어떻게 자연적이고 자발적으로 조직되어야 하는지 아는 우리는, 자신에게 관련된 사회의 모든 영역을 주의 깊게 살피고 통제하며 자신에게 관련된 곳에 창의적으로 참여해야 합니다. 그리고 지도자들은 이 새로운 결속의 생명력을 잘 지키고 함께해야 합니다. 이 생명력을 강화하고 보호하는 것이 바로 우리의 첫 번째 사명입니다. 우리의 사상과 이상, 소유나 권리를 포기해서는 안 됩니다. 다만 그것들이 유일하다거나 절대적이라는 주장만은 버려야 합니다. 우리는 우리 민족이 이루어 온 희생의 연대로 이루어진 훌륭한 역사와 반무정부주의, 사회적 통합에 관한 기억을 다시 활성화시킬 수 있는 새로운 누룩을 만들고 나누도록 초대받았습니다.

　많은 이가 동요하고 이해관계가 무성했던 저 역사적 5월 혁명은 전 국민을 하나로 모아 공통된 결정을 내리게 하면서 또 다른 역사의 시작을 알렸습니다. 우리 조국은 새로운 국민 대화의 장이며, 새로운 친교의 식탁입니다. 이 식탁은, 우리가 더 이상 절망 가득한 그리움이 아니라 희망이 넘치는 감사로 가득했던 엠마오의 제자들처럼 "길에서 우리에게 말씀하실 때나 성경을 풀이해 주실 때 속에서 우리 마음이 타오르지 않았던가!"(루카 24,32) 하고 외치게 해 줍니다.

이 조국에 살며 성장하려는 원의가 우리 마음속에서 타오르길 바랍니다. 그리고 이런 우리의 바람에 아버지 하느님에 대한 감사와 그분의 말씀을 실천하겠다는 약속이 동반되기를 바랍니다. 전체가 부분보다 크고 시간이 공간 위에 있으며 실재가 관념보다 우위에 있고 일치가 갈등보다 상위에 있다는 확신을 새롭게 다지면서……

1999년 5월 25일

예수님께 눈을 고정하십시오

루카 4,16-30

오늘 복음에서 들은 예수님의 설교는 짧습니다. "오늘 이 성경 말씀이 너희가 듣는 가운데에서 이루어졌다."(루카 4,21) 우리는 이 말씀 이후에 일어난 일을 잘 알고 있습니다. 사람들은 '저 사람은 목수의 아들이 아닌가?'라며 의아해하면서도 감탄을 연발하며 그분께서 하신 설교를 귀담아 들었습니다. 예수님께서는, 예언자들이 자기 고향에서는 환대받지 못하며, 당신 역시 고향에서 사람들의 믿음이 부족해 하느님의 기적을 행하지 못하신다는 거침없는 말씀으로 고향 사람들을 자극했습니다. 그러자 그들이 화가 치밀어 올라 예수님을 절벽에서 밀어 떨어뜨리려 했음을 우리는 잘 알고 있습니다. 그러나 그들의 격분이 절정에 이르렀을 때 주님께서는 그들 사이를 가로질러 떠나가셨습니다. 그리고 카파르나움으로 가서 설교하셨습니다.

은총의 해를 시작하며 만나는 이러한 예수님의 모습은 우리를 몹시 당황스럽게 합니다. 그 시작이 주님께서 무대의 중심에 서 계시면서 이루어지는 장엄한 전례 장면과 함께 소개되고 있기 때문입니다. 그리고 이 장면은 주님께서 자리에서 일어나 성경을 봉독하고 난 후, 다음과 같은 장면으로 막을 내립니다. "예수님께서는 그들 한가운데를 가로질러 떠나가셨다." 비록 전례가 회당 밖에서 끝나긴 했지만, 그 마지막은 미사 끝에 신자들이 사람들 가운데 파견되는 것과 비슷합니다.

오늘 복음은 주님의 공생활 내내 일어나게 될 일들을 짧은 순간에 미리 함축적으로 보여 줍니다. 가난한 이들에 대한 복음 선포와 기적, 사람들의 인정, 분노, 십자기에 매달리심, 부활하신 주님의 다스리심. 주님께서는 당신의 메시지를 선포하시며 여러 가지 일들이 일어나도록 만드셨습니다. 그리고 사람들이 당신을 밀어 떨어뜨리는 것을 허락하지 않으셨습니다. 이런 일련의 주님의 모습은 은총의 해를 알리는 예언자적 시작이라고 할 수 있습니다. 주님께서는 당신 말씀과 행동을 통해 그리고 그곳에 있던 사람들이 행하고 말하도록 두심으로써 당신이 도유되실 때 받으신 사명을 극적으로 시작하셨습니다.

주님께서는 고향 사람들이 당신 말씀을 듣고 놀라워하다가 마침내 당신을 거부하게 하셨습니다. 왜 그러셨을까요? 그에 대해 묻지 않을 수 없습니다. 첫 번째로, 거기 있던 모든 사람은 그분에 대해 호의적인 증언을 했고, 그분의 입에서 나온 은총 가득한 말씀에 놀라워했습니다. 그러나 얼마 후, 그들은 그분을 절벽에서 밀어 떨어뜨리려 했습니다. 주님 편에서 과연 그 사람들을 자극하실 필요가 있었을까요? 도유되신 분께서는 가난한 사람들에게 복음을 전하고 은총의 해를 선포하기 위해 오신 것이 아니었을까요? …… 그렇다면 왜 그들을 당황스럽게 하셨을까요? 주님께서는 시메온이 당신에 대해 말할 때 거기 계셨고, 그때 그가 했던 말을 기억하셨을 겁니다. "보십시오, 이 아기는 이스라엘에서 많은 사람을 쓰러지게도 하고 일어나게도 하며, 또 반대를 받는 표징이 되도록 정해졌습니다. 그리하여 당신의

영혼이 칼에 꿰찔리는 가운데, 많은 사람의 마음속 생각이 드러날 것입니다."(루카 2,34-35)

자비의 봉사를 위해 오신 주님

예수님께서 성령에 의해 도유되실 때 지니셨던 선의善意는 바로 '지금' 실현되고자 하는 경향을 갖고 있습니다. 그분의 선의는 당신을 반대하는 사람들을 만들어 낼 만큼 아주 강한 실현의 힘을 갖고 있습니다. 그것은 단순히 좋은 방식을 통해서만 실현되지 않습니다.

무엇보다 그분의 선의는 각자의 마음 안에 있는 것을 끄집어 냅니다. 성모님과 마찬가지로, 예수님의 현존은 여러 사람의 영혼을 칼로 열어젖히고 그들에게 당신 사랑을 부어 주시는 가운데 성령으로 도유해 주십니다. 예를 들어, 바리사이들 같은 경우, 주님께서는 그들의 이기주의를 드러내시며 당신을 향한 원한을 숨기지 못하게 하십니다. 그리고 그들로 하여금 고집스레 자신 안에 갇히게 하십니다. 오늘 도유되신 분, 곧 예수님께서는 물음을 던지시는 가운데 그들의 완고한 태도를 흩어 버리십니다.

주님께서는 사람들을 해방하고 자기 스스로를 보게 해 주는 기쁜 소식을 선포하셨습니다. 바로 거기서 어떤 사람들은 다른 이들을 돕기 위해 도유되고 파견되며, 어떤 사람들은 그 초대를 거부하며 안주했던 예전의 노예 상태로 돌아갑니다.

이렇듯 사랑의 사명을 위해 성령께 도유되시고 당신 스스로 먼저 이기주의를 떨쳐내지 않으셨다면 주님은 이 사명을 완수하지 못하셨을 겁니다. 주님께서는 우리가 믿음을 가지고 고대해 온 기쁜 소식을 선포하십니다. 이 기쁜 소식은 우리 의심의 가면을 벗겨 내며("저 사람은 요셉의 아들이 아닌가?") 우리를 해방해 줍니다. 그럼으로써 우리는 믿음을 다해 우리 자신을 그분께 내어 드릴 수 있습니다.

주님께서는 우리를 죄로부터 해방하는 자비의 봉사를 위해 오셨습니다. 주님께서는 다음과 같은 두 가지 존재론적 선택의 기로에서 하나를 선택하도록 초대하십니다. 곧, 치유될 수 있도록 자신을 내어 놓지 못했던 엘리사 예언자 시대의 이스라엘의 과부들과 나병 환자들처럼 될 것인가, 아니면 시리아 사람 나아만과 사렙타의 과부처럼 치유받기 위해 자신을 내어 맡길 것인가 하는 선택입니다. 주님께서는 당신의 나라를 이루기 위해 오셨습니다. 그 나라는 겸손과 온유함을 통해 우리를 교회의 권력과 허영에 안주하려는 모든 헛된 꿈에서 해방해 줍니다. 더 나아가 사람들을 위한 봉사로 우리를 초대합니다.

주님의 말씀과 행동은 모든 사람을 해방해 주고 그들의 눈을 열어 줍니다. 그 누구도 그분 앞에서 무관심한 채로 남아 있을 수 없습니다. **주님의 말씀은 언제나 선택을 요구합니다.** 그러므로 그분의 말씀 앞에서 회심하고 그분께 도움과 빛을 청하든, 아니면 자신을 닫아걸고 죄의 사슬과 어두움에 굴복하든 둘 중 하나를 선택할 수밖에 없습니다.

주님께서 이루고자 하신 사명은 외적 과제—"내가 메시지를 선포하고 그다음 여러분이 보십시오." 하는 식—가 아닙니다. 주님의 입장에서 보면 그 사명은 당신 자신을 온진히 선물로 내어 주시는 행위이며, 동시에 그 선물을 받아들이는 사람들 편에서 보면 그것은 총체적으로 수용하는 것을 의미합니다. 그것을 우리는 '도유塗油'라고 말할 수 있습니다. 도유는 총체적인 선물을 의미합니다. 그런데 그렇게 다른 사람을 도유할 수 있는 사람은 먼저 도유된 사람이며, 도유되기 위해서는 먼저 자기 자신을 버리고 내어 놓아야 합니다. 그래야 주님이 주시는 선물을 온전히 받아 안을 수 있습니다. 성부께서 사랑하시는 유일한 아드님이신 예수님께서는 도유된 이들 가운데 으뜸이십니다. 왜냐하면 그분은 모든 것을 성부께로부터 받으셨기 때문입니다.

주님께서는 당신 자신을 위해 아무것도 가지지 않고 그 무엇도 당신 혼자하지 않으셨습니다. 그분께 있는 모든 것은 성부께로부터 받은 것이며 그것은 동시에 성부께로부터 받은 사명의 완성을 지향하고 있습니다. 성부께 모든 것을 받으셨듯이 그분은 우리를 위한 봉사를 통해 그리고 십자가에서 당신 생명을 내어 주심으로써 모든 것을 우리에게 주셨습니다. 그런 그분의 총체적인 선물을 받기 위해 우리는 자신을 벗어 버리고 낮추며 없앨 줄 아는 법을 주님께 배워야 합니다.

사랑은 기름을 바르는 행위

신앙은 신뢰와 총체적 수용을 통해 다른 사람을 도유하는 일입니다. 그러기 위해 우리는 우리가 갖고 있는 사고방식과 선입견을 벗어 던져야 합니다. 충실한 백성은 이러한 믿음으로 주님께 달려가고 그분께 자신의 모든 신뢰를 건네 드립니다. 그럴 때 주님께서는 그들을 치유하시고 기름을 부어 주십니다. 사랑 역시 기름을 바르는 행위입니다. 그것은 우리의 자비로운 행실로 사람들을 도유하는 것을 의미합니다. 거기에는 우리 자신을 선물로 내어 주는 행위가 동반돼야 합니다. 따라서 그것은 자기를 벗어 던지고 자기를 내어 주는 자세를 전제로 합니다.

사랑은 단순히 물건을 건네는 것이 아니라 자신의 전 존재를 내어 주는 가운데 다른 사람을 도유하는 행위입니다. 주님께서는 우리를 도유하기 위해 다른 것에서 구별해 내십니다.

성령께서는 오늘 사명을 이루시기 위해 바로 오늘 주님을 도유하십니다. 그분이 사명을 이루는 그 오늘은 하느님 나라의 영원한 오늘이기도 합니다. 도유는 총체적입니다. 그래서 언제나 오늘 이루어집니다. 모든 것을 받게 되는 때, 그 순간은 바로 오늘이 됩니다. 믿음도 오늘이며 희망 또한 오늘이고 사랑 역시 오늘, 바로 지금 여기입니다. 제외될 수 있는 장소나 시간은 그 어디에도 없습니다. 그래서 다른 사람들을 도유하기 위해 먼저 우리가 도유되는 데 있어 이 도유를 방해하는 모든 것으로부터 주님께서 우리를 떼어내 주셔야 합니다. 도유는 오늘이 영원이 되도록 인장印章을 찍어 줍니다. 그럼으로써 그 오늘이 교회가 되고 회중이 되게 해 줍니다. 또한 도유는 우리의 사명에 인장을 찍어 줍니다.

우리는 우리가 받은 사명을 위해 주어진 모든 날에, 온 마음을 다해 모든 사람을 도유하고자 세상으로 나가야 합니다. 그래서 도유는 양적 의미에서뿐만 아니라 질적 의미에서도 진정 가톨릭적이라 하겠습니다.

주님께서 하신 이 간단한 설교는 사랑의 행위입니다. 그분의 말씀은 허세가 아닙니다. 누군가의 도유를 위해 그를 무장 해제시키는 것은 오직 사랑으로써만 가능합니다. 만일 누군가 증오를 드러낸다면, 그것은 그가 자신 안에 그 증오를 갖고 있기 때문입니다. 예수님의 사랑 가득한 말씀은 이를 분명히 보여 주었습니다. 하느님께서는 언제나 사랑의 행위를 통해 우리를 무장 해제시켜 주십니다.

예수님께서는 당신이 카파르나움에서 하신 기적보다 훨씬 더 큰 기적을 당신 백성에게 이루었다고 말씀하십니다. 그 기적이란 바로 거룩한 해가 시작되는 것을 말합니다. 다시 말해, 도유되신 분 중의 으뜸이신 주님께서 성령과 더불어 은총의 시간을 도유해 주시려 한다는 것입니다. 사람들은 감히 그분께 돌을 던지지 못했습니다. 예수님께서는 당신을 주권자로 드러내시며 하느님 나라를 시작하십니다. 이렇듯 그분은 모든 것으로부터 벗어나 설교를 시작했고 하느님 나라를 실현해 가셨습니다.

루카 복음사가는 예수님의 첫 번째 설교와 더불어 성전에서 그분 사명의 시작을 보여 줍니다. 그리고 그분의 설교는 드라마틱하게 부조리한 모든 것을 해체하는 실재로 드러납니다. 예수님께서는 **당신을 향해 눈을 고성하는 것** 외의 모든 태도를 해체해 버리십니다. "회당에 있던 모든 사람의 눈이 **충실한 증거자**이신 예수님을 주시했습니다."(루카 4,20 참조) 히브리서는 이 점을 우리에게 충실히 전해 주고 있습니다. "이렇게 많은 중인들이 우리를 구름처럼 에워싸고 있으니, 우리도 온갖 짐과 그토록 쉽게 달라붙는 죄를 벗어 버리고, 우리가 달려야 할 길을 꾸준히 달려갑시다. 그러면서 우리 믿음의 영도자이시며 완성자이신 예수님을 바라봅시다. 그분께서는 당신 앞에 놓인 기쁨을 내다보시면서, 부끄러움도 아랑곳하지 않으시고 십자가를 견디어 내시어, 하느님의 어좌 오른쪽에 앉으셨습니다."(히브 12,1-2)

그러므로 우리는 주님께 다음과 같은 은총을 청해야 하겠습니다. 무엇보다 우리가 죄로부터 벗어나 예수님께 시선을 고정하고 우리에게 주어진 시험을 잘 통과할 수 있는 은총을 청합시다. 주님께서 탕자이자 잃어버린 양들인 우리를 찾아오시기 위해 당신께 주어진 기쁨을 포기하셨듯이 우리 역시 그래야 합니다.

과거의 우리는 가끔은 힘들어서 또 가끔은 편안하기 위해 도망치곤 했습니다. 오늘 예수님께 우리의 모든 과거로부터 우리를 해방해 주시기를 청합시다. 우리는 가끔 야망 때문에 또 두려움 때문에 모든 것을 통제하려 했습니다. 그런 불안한 미래로부터 해방해 주시기를 청하기로 합시다. 더불어 하느님의 사랑으로 오늘이라는 이 시간에 머물 수 있는 은총을 청합시다.

교황이 말씀하셨습니다. "하느님의 사랑은 '무아지경extasis' 입니다. 그러나 그것이 순간적 탈혼의 의미로 그렇다는 것은 아닙니다. 무엇보다 그것은 자신 안에 갇혀 있던 상태에서 벗어나 자신을 온전히 내어 놓는 가운데 해방을 지향하는 영속적인 여정입니다. 왜냐하면 '제 목숨을 보존하려고 애쓰는 사람은 목숨을 잃고, 목숨을 잃는 사람은 목숨을 살릴 것'(루카 17,33)이기 때문입니다."

부에노스아이레스, 2006년 4월 13일

사제는 백성의 눈길로 도유됩니다

루카 4,16-30

오늘 우리는 다시금 성목요일을 맞이했습니다. 이와 더불어 새로이 성유 축성 미사를 봉헌하게 됐습니다. 이 대교구의 사제인 우리는 지금 하느님의 사제로서 백성 한가운데 서 있습니다. 우리는 바로 그 백성 가운데서 뽑혔고 동시에 그 백성에게 파견됐습니다. 우리는 도유와 더불어 축성되기 위해 선별됐으며, 사도적 열정으로 이 백성의 구석구석을 도유하기 위해 파견됐습니다. 그곳은 언제나 위대하신 하느님의 초월성과 우리의 한계가 주로 만나는 곳입니다. 우리의 한계는 각 인간 마음의 열림의 한계, 온갖 고통스러운 가난의 한계, 나약함과 자애로움의 부족으로 인한 한계에서 비롯됩니다.

우리 사제들은 하느님 백성을 위해 유일한 대사제이신 예수님의 모습을 닮아가기를 원합니다. 그것은 무엇보다 **우리 백성이 예수님 안에서 생명을 얻게 하기 위함입니다.** 성령께서 우리 안에 오심으로써 피어나는 그리스도적 생명은 주님께서 십자가를 통해 우리에게 주신 선물입니다. 그 생명은 사람과 문화의 모든 차원에서 육화되는 영적 생명으로서 그 모든 것을 변화시켜 줍니다.

오늘-매년 성목요일-복음에는 우리의 주의를 환기시키는 요소가 있습니다. 어떤 구체적 사안이라기보다 이 이야기에 부족한 그 무엇이라고 하겠습니다. 이 장면은, 나자렛 회당 사람들이 예수님께 뭔가를 고대하고 있는 듯한 인상을 우리에게 줍니다. 왜냐하면, 만일 그분께서 신정 성부께 기름부음을 받으셨고, 그래서 그분 위에 성령께서 머무신다는 것을 선포하신다면, 성령께서 특별한 방식으로 그분에게 내려오시지 않았을까 하는 기대가 있을 수 있기 때문입니다. 그것은 훗날 오순

절 성령 강림 때 일어나게 될 일이 그때 일어났어야 되지 않았을까 하는 것과 같은 기대일 것입니다. 아니면 적어도 요르단 강에서 예수님이 세례를 받으실 때 일어났던 것처럼, 일종의 작은 성령 강림이나마 일어나야 되지 않았을까 하는 기대일 수도 있습니다. 그러나 그렇지 않았습니다. 예수님께서는 의자에 앉아 잠시 침묵과 고요 속에 머무셨습니다. 말하자면 그분은 준비하셨습니다. 그러고는 단순하게 다음과 같이 말씀하셨습니다. "오늘 이 성경 말씀이 너희가 듣는 가운데에서 이루어졌다."(루카 4,21)

하느님에게서 도유된 분

그들 앞에는 하느님에게서 도유된 분이 서 계셨습니다. 문제는 그들이 그분의 은총을 누릴 만한가 하는 점입니다. 우리는 그다음에 무슨 일이 일어났는지 잘 알고 있습니다. 늘 그랬듯이 거기 있던 사람들에게는 주님의 이런 장엄하고도 분명한 선포만으로 충분치 않았습니다. 그들은 그것과는 다른 그 이상의 뭔가 특별한 것을 바랐습니다. 그리고 바로 그 시점부터 공생활 내내 사람들은 계속해서 주님께 표징들을 요구했습니다.

이미 시메온은 요셉 성인과 함께 계셨던 성모님에게 당신 아드님이 반대의 표적이 되실 것이며 단순한 그분의 현존만으로도 사람들의 마음이 갈라질 것이라고 예언한 바 있습니다. 제가 여기서 시메온에 대해 말씀드리는 이유는 루카 복음사가가 "성령께서 그 위에 머물러 계셨다."(루카 2,25)라고 전하며 그와 같은 표현을 사용했기 때문입니다. 시메온이 성모님과 요셉 성인의 품에 안겨 성전 안으로 들어서는 도유되신 분을 보면서 보여 준 기쁨과 깊은 신앙은, 대단한 예식 없이 단순히 회당 안으로 들어오신 젊은 라삐인 예수님에 대해 고향 사람들이 보여 주었어야 할 반응입니다. 더 나아가, 시메온이 보여 준 기쁨과 신앙은 그가 주님의 말씀 앞에서 회중으로써 보여 준 첫 번째 자발적 반응이었습니다. 루카는 "모두 그분을 좋게 말하며, 그분의 입에서 나오는 은총의 말씀에 놀라워하였다."(루카 4,22)는 점에 주목하도록 우리를 초대합니다.

그러나 주님을 거스르는 악하고 도를 넘어선 사람들의 대응은 단순히 그들 앞에 계신 스승을 거부한 것일 뿐만 아니라 그들 안에 거하시며 감탄과 믿음을 일으켜 주시는 성령을 거부한 것입니다. 그들은 자신 안에서 활동하시는 성령을 거부했으며 자신 또는 악령에게 내면의 자리를 내주고 말았습니다. 반면 시메온은 성령의 내적 움직임을 알아챈 사람들, 도유되신 분의 현존 앞에서 다른 어떤 표징이나 특별한 은총을 요구하지 않은 채 단순한 마음으로 기쁨에 겨워하는 사람들을 대표하는 모델입니다.

이사야서를 읽으시는 예수님의 권능은 그 자리에 있던 사람들에게 파문을 일으켰습니다. 누구라도 자신 안에 성령을 간직하고 성령의 말씀에 귀 기울인다면, 그 앞에 있는 분의 권능을 분명 알아차릴 수 있습니다. 자기 곁을 지나치시는 그분을 도유되신 분으로 알아보는 아주 단순한 사람들의 신앙을 볼 때마다 주님은 기뻐하십니다. 우리가 겸손되이 숨어 계신 그분을 알아보게 될 때 비로소 성령의 은사들이 활동하기 시작합니다. 예수님께서는 성령으로 충만한 분이셨습니다. 그러기에 그분께 신뢰를 두고 청하는 모든 이 위에, 그분에게서 나오는 샘물 같은 성령의 은총과 자비가 넘쳐 흐르게 될 것입니다.

우리의 마음을 거룩한 회중 속으로!

매년 성목요일마다 우리가 반복해서 보게 되는 이 장면은 '예수님께 시선을 고정하도록' 사제들을 부르는 교회의 초대입니다. 그 시선은 표징에 또 다른 표징을 바라며 '웅장하고 화려한 광경'만을 원했던 회중의 시선이 아니라 히브리서에 나오는 회중의 눈으로 그분을 바라보는 것입니다. "이렇게 많은 증인들이 우리를 구름처럼 에워싸고 있으니, 우리도 온갖 짐과 그토록 쉽게 달라붙는 죄를 벗어 버리고, 우리가 달려야 할 길을 꾸준히 달려갑시다. 그러면서 우리 믿음의 영도자이시며 완성자이신 예수님을 바라봅시다. 그분께서는 당신 앞에 놓인 기쁨을 내다보시면서, 부끄러움도 아랑곳하지 않으시고 십자가를 견디어 내시어, 하느님의 어좌 오른쪽에 앉으셨습니다. 죄인들의 그러한 적대 행위를 견디어 내신 분을 생각해 보십시오. 그러면 낙심하여 지쳐 버리는 일이 없을 것입니다."(히브 12,1-3)

그러므로 우리를 구름처럼 에워싸고 있는 많은 증인과 더불어 예수님께 시선을 고정하기로 합시다. 구름처럼 많은 증인이란 하느님의 충실하고 거룩한 백성으로서 주님의 도유에 참여하는 우리 모두를 말합니다. 나아가 교회는, 단순하고도 믿음 가득한 백성이 그분을 바라보듯이 그렇게 우리도 우리의 사제직을 바라보도록 초대합니다. 이러한 교회의 초대는 우리가 사제직을 통해 참여하고 있는 주님의 도유의 신비에 우리의 마음을 둬야 한다는 것을 의미합니다. 이에 대해 사도 요한은 이렇게 말합니다. "여러분은 거룩하신 분에게서 기름부음을 받았습니다. 그래서 여러분은 모두 알고 있습니다."(1요한 2,20)

또한 교회는 우리로 하여금 우리의 마음을 이 거룩한 회중 가운데 두도록 초대합니다. 바로 여기 우리의 충실한 백성 속에서 우리의 사제적 의식은 도유에 대한 기억을 회복하게 될 것입니다. 바로 거기에서 우리가 안수를 통해 받은 하느님의 선물이 우리 안에서 다시금 생기를 얻게 될 것입니다. 또한 바로 거기에서 우리는 우리가 어디에 속해 있는지 느낄 수 있고, 사제로서 우리가 지닌 정체성의 순수한 모습을 회복하게 될 것입니다.

우리는 하느님께 도유됐음을 잘 알고 있습니다. 우리가 예수님을 겸손되이 바라보고 또 백성이 지혜로운 시선으로 우리 사제들을 바라보도록 내어 줄 때, 우리는 그 점을 더욱더 잘 알게 될 것입니다. **충실하기 그지없는 우리 백성의 간구하는 눈길**은 우리가 도유됐다는 엘리트 의식에 사로잡히게 하거나 선의 없는 윤리주의의 한 분파로 고립되도록 하지 않을 것입니다.

이렇듯 충실한 우리 백성이 보내는 감사의 눈길을 알면 알수록 우리는 더욱더 사랑과 너그러움으로 그들을 위해 봉사하게 됩니다. 그런 그들의 눈길은 우리로 하여금 세속적 서열이나 허영에 우리 시선을 두지 않게 합니다. **이렇듯 충실한 우리 백성의 눈길**은 우리가 힘겨운 일을 하며 수고할 때 용기를 불어넣어 주고 우리를 근면한 삶으로 인도해 줍니다. 그리고 우리를 부르주아적 나태함에서 구해 주고 우리의 사도적 열정을 키워 줍니다. '나쁜 기름'이라고 할 수 있는 이 부르주아적 나태함은 자아도취와 안일함 속에서 생겨납니다. **충실하기 그지없는 우리 백성의 인내심 많은 눈길**은 우정을 파괴하고 가정을 파괴하는 분열을 치유해 달라고 우리에게 수없이 도움을 청합니다. 그들은 일치를 향한 요청과 더불어 우리 가운데 일어나는 '나쁜 기름'의 열매인 분열과 불평, 형제들을 이간질하는 불만과 비판을 깨닫게 해 줍니다.

충실하기 그지없는 우리 백성의 경건한 눈길은 성사를 통해 드러나는 예수님을 바라보고 흠숭합니다. 그들은 성모님의 모성 가득한 보호 아래로 피신하면서 그분을 관상합니다. 그들의 경건한 눈길은 우리가 기도하고 흠숭하는 사제적 마음을 간직하도록 간청합니다.

우리가 우리 백성의 눈길로 도유되도록 우리 자신을 내어 맡길 때, 우리는 모든 힘을 기울여 그들을 도유할 준비를 할 수 있습니다. 그리고 안수를 통해 받은 첫 번째 사제적 도유를 다시금 살아내고, 성부께서 사랑하신 아드님을 도유하실 때 부어 주셨던 기쁨의 기름이 지닌 아름다움에 참여하게 됩니다. "하느님께서, 당신의 하느님께서 기쁨의 기름을 당신 동료들이 아니라 당신께 부어 주셨습니다."(히브 1,9) 이 기쁨은 우리를 세속적 정신을 비롯한 모든 거짓된 황홀함으로부터 그리고 마음이 가난한 사람들이 지닌 겸손하고 순수한 기쁨에서 멀어지게 하는 모든 헛된 기쁨으로부터 지켜 줍니다.

성목요일 복음이 우리에게 전해 주는 이 장면의 중심에 서 계신 예수님의 모습을 관상하고 우리를 향한 충실한 우리 백성의 시선을 느끼며, 무엇보다 우리의 첫 번째 도유에 대한 기억, 우리의 '첫사랑' 위에 안수를 해 주었던 그날의 기억을 되살려야 하겠습니다. 그리고 사도 베드로가 "하느님께서 나자렛 출신 예수님께 성령과 힘을 부어 주신 일도 알고 있습니다. 이 예수님께서 두루 다니시며 좋은 일을 하시고 악마에게 짓눌리는 이들을 모두 고쳐 주셨습니다. 하느님께서 그분과 함께 계셨기 때문입니다."(사도 10,38)라고 말씀하셨듯이, 하느님 아버지와 사제들의 어머니이신 성모님에게, 당신 백성 가운데에서 거니셨던 주님께로 우리를 인도해 주는 이 도유에 온전히 참여할 수 있는 은총을 청해야겠습니다.

부에노스아이레스, 2007년 4월 5일

왜 살아 계신 분을
죽은 자들 가운데에서 찾습니까?

루카 24,1-12

방금 우리가 들은 이 이야기는 초대 그리스도교 공동체가 매주일 미사를 통해 반복해서 듣던 이야기였습니다. 당시 신자들은 이런 방식으로 저 부활의 아침 이야기를 기억했습니다. 깊은 감동으로 역동적인 이 아침을 맞이하기로 합시다. 이 아침은 전율로 가득합니다. 성경에 따르면 그날 아침 땅이 진동했습니다 (마태 28,2). 그리고 사람들은 혼란과 두려움 그리고 의혹과 당혹감에 떨었습니다. 동굴에 갔던 여인들은 두려워했습니다. 제자들 또한 비탄에 젖어 있었습니다. 더 이상 혼란을 원치 않았던 그들 가운데 두 명은 엠마오로 도망쳤습니다. 이런 내적, 외적 혼란의 한가운데에 부활하신 예수님께서 나타나셨습니다. 이에 모든 제자는 평화와 환희, 기쁨을 누리게 됩니다. 천사들은 여인들에게 다음과 같이 말했습니다. "그분께서는 여기에 계시지 않는다. …… 되살아나셨다."(마태 28,6) 그리고 그들은 마침내 그분을 보았습니다.

당시 그 여인들과 제자들의 마음은 어떠했을까요? 방금 우리가 들은 이야기를 좀 더 구체적으로 짚어 볼까 합니다. "그러나 베드로는 일어나 무덤으로 달려가서 몸을 굽혀 들여다보았다. 그곳에는 아마포만 놓여 있었다. 그는 일어난 일을 속으로 놀라워하며 돌아갔다."(루카 24,12) 베드로는 사람들이 하는 얘기와 의혹 속에만 머물지 않았습니다. 그는 무슨 일이 일어났는지 살펴보기 위해 직접 무덤으로 달려갔습니다. 그러고는 감탄해 마지 않았습니다. 그는 주님과의 만남을 예감했으며 그 만남이 가져다줄 황홀함을 맛보기 시작했습니다. 이것은 감탄과 기쁨 그리고 흠숭이 뒤섞인 감정으로, 하느님께서 우리에게 다가오실 때 느껴지는 감정입니다.

베드로는 그분의 부활 소식이 자신을 이끌도록 내어 맡겼습니다. 그는 아직 이해하지 못한 사건을 향해 주저 없이 자신을 열었습니다. 사실 그에게는 그날 아침 일어난 사건을 마주하며 선택할 수 있는 여러 가지 가능성이 있었습니다. 그러나 그는 직접적이고 객관적인 길을 선택했습니다. 직접 가서 보는 것입니다. 그는 여인들이 도착했을 당시 일어났던 일시적인 분위기에 휩쓸리지 않았습니다. 여인들은 생명이신 예수님을 선포하기 시작했습니다. …… 이에 그는 죽음의 언저리까지 달려갔습니다. 그러나 무덤에 갇힌 채 거기에 머물지 않고, 감동을 안고 돌아왔습니다. 이러한 그의 태도는 천사들이 여인들에게 했던 말을 보완해 줍니다. "어찌하여 살아 계신 분을 죽은 이들 가운데에서 찾고 있느냐?"(루카 24,5) 그는 무덤의 공허함에 사로잡히지 않았습니다.

"어찌하여 살아 계신 분을 죽은 이들 가운데에서 찾고 있느냐?" 이 말씀은, 그날 아침의 모든 상황과 감정의 중심에서 역사의 이정표가 됩니다. 또한 그것은 모든 시대 교회의 지표가 되며 사람들을 구분하는 기준이 됩니다. 곧, 무덤을 선택한 이들, 그리고 거기서 계속해서 뭔가를 찾는 이들, 그리고 베드로처럼 생명 자체이신 분 곁에서 생명을 향해 자신의 마음을 여는 이들을 구분하는 기준이 됩니다. 우리는 일상 속에서 이 말씀을 수없이 되뇌며 우리 자신을 흔들어 깨워야 합니다. "어찌하여 살아 계신 분을 죽은 이들 가운데에서 찾고 있느냐?" 우리는 절망과 죽음의 상황에서 구원되기 위해 수없이 이 말씀을 되뇌어야 합니다.

그분을 향해 우리를 활짝 열어 둡시다

온갖 형태의 이기주의에 갇혀 자기만족이라는 틀에 안주하려는 우리는 자주 그 말씀을 외쳐 불러야 합니다. 인간적, 그리스도교적 가치를 배제한 채 현세 권력에만 매료될 때, 우리 자신이라고 하는 우상의 포도주(그것은 우리에게 무덤과 같은 미래만을 약속해 줍니다)에 취해 있을 때 누군가 우리에게 그 말씀을 외쳐 주어야 합니다. 세상의 허영과 돈, 명성에 희망을 둘 때 그리고 오만의 헛된 광채를 덧입으려 할 때 누군가 우리에게 이 말씀을 외쳐야 합니다. 오늘 우리 민족과 문화 한가운데서 우리에게 생명을 주시는 유일한 분, 우리 안에 경이로 가득 찬 희망의 만남을 일으키실 수 있는 유일한 분, 실재를 왜곡하지 못하게 하시는 유일한 분, 우리에게 거짓을 팔지 않고 진실을 선사해 주시는 유일한 분, 바로 그분을 향해 우리를 활짝 열도록 누군가 우리에게 그 말씀을 외쳐 주어야 합니다.

우리는 성모님이 어머니와 같은 사랑으로 우리가 어떻게 신앙 여정을 준비해야 할지 다음의 승리의 말씀을 속삭여 주시길 얼마나 바라는지 모릅니다. 그 말씀에는 그리스도교 신자가 견지해야 할 깊은 그리스도교적 전략이 담겨 있습니다. "살아 계신 분을 죽은 이들 가운데에서 찾지 마십시오!"

부활 성야인 오늘, 이 말씀을 우리 자신에게 힘주어 선포해야 합니다. 연약하고 죄인인 우리는 부활하신 주님과의 만남이 주는 감탄과 경탄을 향해 마음을 열어야 합니다. 바로 그때 위로 가득한 말씀을 그분에게서 직접 듣게 될 것입니다. "두려워 마시오, 나요."

부에노스아이레스, 2007년 4월 7일

형제로서
서로를 축복합시다

루카 9,10-17

오늘 전례는 우리에게 축복에 대해 전해 주고 있습니다. 예수님께서는 빵 다섯 개와 물고기 두 마리를 손에 드신 다음, 하늘을 향해 눈길을 돌리고 축복하셨습니다. 그리고 그것을 쪼개어 제자들에게 나누어 주신 다음, 그들이 사람들에게 전해 주도록 하셨습니다. 그분께서 하신 이 축복, 좋은 말씀은 엄청난 결과로 이어집니다. 축복된 빵이 모든 사람에게 전해진 것입니다. 그 후 첫 번째 성찬례에서 주님이 하신 빵과 포도주에 대한 축복 역시 놀라운 변화를 가져왔습니다. 그날 밤 이후로 축성된 빵과 포도주는 그리스도의 몸과 피가 되었습니다. 그것은 지금 우리가 나눠 먹고 마시는 축복된 생명의 빵이자 잔입니다(1코린 10,16 참조).

구약 성경은 하느님의 축복이 멀리서 온다고 전합니다. 멜키체덱은 빵과 포도주를 나누며 아브라함을 축복했습니다. 아브라함을 축복하는 멜키체덱의 모습은 참으로 아름답습니다. 이 이야기는 사도 바오로가 우리에게 전하듯 다음과 같은 사실을 상기시켜 줍니다. "'모든 민족들이 네 안에서 복을 받을 것이다.' …… 그러므로 믿음으로 사는 이들은 믿음의 사람 아브라함과 함께 복을 받습니다."(갈라 3,8-9)

우리는 믿음을 가진 모든 사람, 하느님을 믿고 이웃을 신뢰하는 선한 의지를 지닌 모든 사람과 이 축복을 나눕니다. 그리고 이 축복은 기도와 초월적 신비에 대한 개방, 더 나아가 존중과 정의, 평화, 연대, 대화의 행위로 드러납니다. 이 축복으로 우리는 축복 대신 저주와 폭력, 배타, 불의, 거짓을 일삼는 이들과 구분됩니다.

거짓된 축복은 있을 수 없습니다

'축복하다bendecir'는 '좋은bien'이라는 말과 '말하다decir'라는 말로 이루어져 있습니다. 그러므로 축복은 선물과 같은 말이라 할 수 있습니다. 그것은 **진리를 바탕으로 좋은 말을 하는 것**입니다. 그 말에는 두 가지 의미가 함께 담겨 있습니다. 축복은 단순히 '아름다운 말'이 아닙니다. 그것은 사랑으로 하는 말이고, 안수를 할 때 하는 말이며, 이마에 십자성호를 그으며 하는 말이고, 선을 베풀며 하는 말입니다. 그러므로 축복은 사물을 변화시키며 그것이 담고 있는 심오한 의미를 볼 수 있도록 우리의 눈을 열어 줍니다. 누군가 빵을 축복할 때, 그는 그 빵이 단순한 음식이 아니라 식탁에서 가족과 함께 애정을 가지고 나누는 수고의 열매이자 미사 제대에서 나누는 그리스도의 몸으로 변화된 생명의 빵임을 알게 됩니다.

축복은 다른 사람을 위한 그리고 우리의 과거와 미래를 위한 아름다운 원의로 가득 찬 말입니다. 다시 말해, 그것은 자신이 받은 것과 나눈 것에 대한 감사로 가능한 말이며 미래를 향한 아름다운 바람이 가득한 말입니다. 그러므로 선물을 하는 사람은 동시에 그 선물을 축복하게 됩니다. 이는 그가 주는 선물이 사랑 가득한 선의善意를 통해 변화되고 풍요로워져 다른 사람에게 전해지도록 하기 위함입니다. 또한 그 선물을 받는 사람도 자신이 나눠 받은 선물에 대한 감사를 표현하는 가운데 축복하게 됩니다.

말과 선물은 함께 갑니다. 거짓말로 눈속임을 할 수는 있습니다. 그러나 조금이라도 축복할 원의를 갖는다면, 성령께서는 모든 상황의 주인이 되실 것이며 거기에 참됨이라는 인장을 찍어 주실 것입니다. 축복하는 행위는 참으로 아름답습니다. 충실한 우리 백성은 축복을 사랑합니다. 축복에는 세례 축복, 혼인 반지 축복처럼 중요하고 지속적인 축복이 있고 물, 묵주, 상본, 성상을 축복하는 '작은 축복'도 있습니다.

무엇보다 축복은 우리에게 주어지는 것에 대해 좋게 말하는 것입니다. 축복은 공동체로서의 우리의 삶 속에서 점점 희미해져 가는 요소 중 하나입니다. 공적인 자리에서 어떤 사안에 대해 좋지 않게 말하는 것은 아마도 우리 인간이 가진 결점 중의 하나가 아닐까 싶습니다. 흔히 우리는 보다 개인적인 영역 또는 아주 가까이 우정을 나누는 사이나 가족 간의 관계 안에서 더욱 좋은 대화를 나눕니다. 반면, 공적인 대화를 나누는 것은 힘들어 합니다. 예를 들면, 많은 사람 앞에서 공동의 유익을 위해 어떤 사안에 관한 문제를 정해진 형식에 따라 말하는 것을 힘들어하곤 합니다.

또한 우리는 선조들이 물려준 것에 대해 긍정적으로 말하기 어려워합니다. 그러나 우리는 과거를 저주하지는 말아야 합니다. 오히려 그것을 축복해 주어야 합니다. 죄스러웠던 것, 불의했던 것 역시 용서, 뉘우침, 회복을 통해 축복되어야 합니다. 과거에 좋았던 것 또한 감사와 더불어 축복되어야 합니다. 감사는 우리에게 선물로 주어진 생명과 땅의 가치를 알게 해 줍니다. 과거를 축복하는 것은 하느님에 대해, 부모님에 대해 그리고 조부모님에 대해 좋게 말하는 것입니다. 그것은 비록 우리가 불완전하고 죄를 범했음에도, 여전히 우리에게 주어진 것에 대해 감사하는 것이며 특히 우리에게 선물로 주어진 생명에 대해 감사하는 것을 의미합니다. 우리는 많은 것을 받았습니다. 과거를 저주하는 이는 분명 현재 또는 미래에서 이득을 얻으려 하지만, 사실 그들은 모든 이를 위한 축복이 아닌 개인의 이득만을 얻고자 합니다.

또한 우리에게는 현재를 축복하는 것, 서로가 서로에 대해 긍정적으로 말하는 것이 부족합니다. 그것은 아첨하기 위해서가 아니라 공동체를 건설하고 서로 일치하며 함께 좋은 것을 나누고, 나아가 서로 다른 전망을 극복하는 가운데 공동의 선을 추구하기 위함입니다.

또한 우리에게는 미래를 축복하는 것이 부족합니다. 우리는 우리의 수고와 함께 미래를 축복해야 합니다. 그리고 그 수고의 열매는 우리 자신이 아닌 우리 자녀들을 위한 것이어야 합니다. 이는 이미 우리 선조 아브라함이 했던 일이기도 합니다. 그는 미래의 약속에 대해 환호할 줄 알았고 예수님의 날을 생각하며 기뻐할 줄 알았습니다. 예수님이야말로 과거의 모든 축복을 당신 자신 안에 하나로 모으신 분이자 새로운 축복의 원천이 되십니다.

축복으로 하나되어

동정 성모 마리아를 바라봅시다. 그분은 어머니로서 당신 아드님과 당신의 또 다른 자녀이자 충실한 백성인 우리 모두에게 좋은 것을 말씀해 주십니다. 성모님은 카나에서와 마찬가지로 포도주가 부족한 우리를 위해 필요한 것을 예수님께 말씀해 주십니다. 또한 성모님은 예수님께서 말씀하신 모든 것을 따르도록 우리에게 말씀해 주십니다. 이렇듯 축복하시는 그분의 입술을 통해 우리와 예수님은 하나가 되고 이를 통해 주님은 기적을 이루십니다. 그분은 성모님의 말씀에 따라 물을 포도주로 변화시키시고 많은 빵을 주셨습니다. 그러므로 성체 성혈 대축일인 오늘 우리 어머니이신 성모님에게, 이 성찬례에 함께하시어 예수님과 당신 백성 사이에 복된 대화가 이루어지도록 도와주시라고 청해야겠습니다. 그렇게 우리는 예수님과 친교를 이루고 그분 안에서 생명을 얻을 수 있게 될 것입니다.

주님께서 당신과의 친교를 통해 우리에게 주시는 생명이 아버지이신 하느님의 축복을 통해 우리에게 상속되고, 이를 통해 우리가 형제들로서 서로를 축복하게 되도록 그분께 은총을 청해야겠습니다.

부에노스아이레스, 2007년 6월 9일

사랑이야말로 그리스도인을
구별해 주는 표지입니다

마태 6,1-6.16-18

"우리가 천상의 보화를 함께 나눈다면,
어째서 이 지상의 보화를 나누지 못하겠습니까?"

하느님의 백성으로서 사순 시기를 시작하기로 합시다. 사순 시기는 그리스도의 수난과 부활의 신비를 더욱 깊이 나누기 위해 그분과 일치하는 기간입니다. 참으로 역설적이게도 우리 주위에는 부활 시기의 기쁨을 조금이나마 맛볼 수 있는 여유조차 갖지 못한 채 일 년 내내 강요된 사순 시기를 살아야 하는 사람들이 많이 있습니다. 배고픔과 추위를 견디기 위해 쓰레기 더미를 헤집으며 뭐라도 찾고 있는 아이와 어른들을 보는 것은 이제 일상의 풍경이 됐습니다.

우리 사회에 만연한 이기주의와 부도덕 그리고 무관심은 많은 사람에게 일 년 내내 원치 않는 단식과 고행을 강요하며 그들을 단죄합니다. 우리는 이것이 하느님께서 당신 자녀들을 위해 준비하신 계획이 아니라는 사실을 확신하고 있습니다. 예수 그리스도의 아버지께서는 우리의 고통을 원치 않으십니다. 하느님 아버지께서는 가진 사람들의 무관심과 굶주림 속에서 많은 사람이 고통받으며 죽어 가는 것을 원치 않으십니다.

하느님의 꿈은 우리 모두가 친교를 나누고 연대하며 살아가는 것입니다. 그분의 계획은 우리 모두가 이 지구상의 재화를 함께 나눔으로써 우리 가운데 그 누구도 먹을 음식을 갖지 못한 채 버림받지 않고, 그 누구도 의사의 도움을 받지 못한 채 죽어 가지 않으며, 그 누구도 인간 이하의 상황을 견디지 않아도 되게 하는 것입니다. 그러나 슬프게도 오늘날 각 개인의 죄, 더 나아가 이 사회가 안고 있는 구조적인 죄는 이런 하느님의 꿈이 실현되도록 놔두지 않습니다.

일 년 내내 편히 지내던 우리에게 부활의 지평을 경험할 수 있게 하는 이 사순 시기는 하느님에게서 멀어지게 하고 형제들과 함께 지내면서도 스스로를 고립시키는 생활, 개인주의적 생활, 불의하고 피상적인 생활로 이끄는 삶의 태도가 우리 안에 침범하지는 않았는지 우리의 마음을 들여다보게 해 줍니다. 사순 시기는 우리가 세속과 무관심, 타협의 죄에 떨어지고 있지는 않은지 그리고 내가 편안하니 모든 사람도 잘 지낼 것이라는 잘못된 생각에 기울어 있지는 않은지 살펴보게 해 주는 시간입니다. 사순 시기는 하느님을 흠숭하는 때이며 우리가 서로 더욱 연대하는 때입니다. 더욱 정직해지는 때이고 더욱 자비로워지는 때이며 고통 중에 슬피 우는 사람들과 고독 속에 살아가는 사람들, 사회로부터 버림받았다고 느끼는 사람들을 위해 더 많은 책임을 지는 때입니다.

그러므로 사순 시기는 이 지구상의 그 누구도 일 년 내내 강요된 사순 시기를 살아야 하는 날이 더 이상 오지 않도록 쉼 없이 수고하고 또 그러기 위해 우리 삶의 태도를 바꾸는 은총의 때입니다.

사순 시기는 기도하는 때이자 단식하는 때이며 다른 사람들의 십자가를 가볍게 하기 위해 그들과 연대하는 때입니다. 그러므로 사순 시기는 하느님을 위한 시간이자 동시에 하느님 아버지에게서 출발해 우리 형제들을 위해 보내는 시간이기도 합니다.

사랑, 고행, 그리고 기도의 길

재의 수요일인 오늘 마태오 복음서(마태 6,1-6.16-18)는 우리가 따라야 할 세 가지 길을 제시해 줍니다. 첫 번째는 사랑의 길로서 '자선'을 말하고 있습니다. 자선은 그저 우리의 양심을 잠재우기 위해 성의 없이 동전 몇 개를 던져 주는 것을 말하지 않습니다. 자선은 무엇보다도 고통받고 있는 사람들, 고독한 사람들, 나아가 살아갈 권리를 박탈당한 사람들을 발견할 줄 아는 자세를 말합니다. 그러므로 자선은 우리의 시간과 우정, 도움을 필요로 하는 모든 사람을 받아들이고 서로 연대하는 것을 말합니다. 이러한 사랑이야말로 그리스도인을 구별해 주는 표지입니다. 예수님의 일생은 참으로 궁핍한 사람들을 위한 삶이었습니다.

우리가 따라야 할 두 번째 길은 고행의 길입니다. 오늘 복음은 우리에게 '단식하는 것'에 대해 전해 주고 있습니다. 어떤 사람들은 외모를 멋지게 꾸미기 위해 단식을 하는 반면, 어떤 사람들은 가난하기 때문에 다른 어떤 선택의 여지도 없이 매일 강요된 단식을 해야 합니다. 단식은 물질적 재화가 그리스도인의 유일한 목적이 될 수 없음을 상기시켜 주는 예언적 행위입니다.

하느님의 마음에 드는 단식은 하느님 나라를 이루는 가치들에 대해 최대한 책임을 지는 것입니다. 그 가치란 정의와 사랑, 평화, 연대를 말합니다(이사 58장). 고행은 우리를 죄로부터 회복시켜 줄 뿐만 아니라 고통 중에 있는 사람들과 연대하는 구체적 방법입니다. 단 몇 시간만이라도 '인간적 빵'을 포기하고 배고픔을 느끼는 것은 우리로 하여금 '진정한 빵'은 오직 그리스도와 그분의 말씀뿐이라는 점을 되새기게 해 줍니다. 또한 그것은 아무 대책도 없이 일 년 내내 강제로 단식해야 하는 사람들의 힘겨움을 몸소 느끼게 해 줍니다. 단식은 다른 사람들의 고통에 더 민감하게 해 주며 더 자비로워지게 해 주고 더욱더 그들에 대한 책임을 지게 해 줍니다.

우리가 따라야 할 세 번째 길은 '기도'입니다. 하느님을 흡족하게 해 드리는 기도는 그분과의 인격적 만남에서 출발해 다른 사람들에게 봉사하기 위해 축성된 삶으로 나아가는 기도입니다. 기도는 하느님을 향해 자신을 개방하고 그분을 신뢰하는 것이며 우리에게 그분이 필요하다는 사실을 표현하는 행위입니다. 스스로 충분하다고 느끼는 사람은 기도하지 않고 스스로 만족해할 뿐입니다. 진정한 기도에는 투명성과 항구함, 참됨이 요구됩니다.

우리가 매년 지내는 사순 시기는 은총의 때이자 우리의 삶을 메마르게 하고 나아가 부활을 향해 눈길을 둘 수 없을 정도로 절망 속에 있는 수많은 사람에게 희망의 메시지를 신포하지 못하게 하는 모든 장애물을 가지치기하는 시기이기도 합니다.

이미 몇 년 전부터 해 왔듯이, 부에노스아이레스의 우리 교회가 추진해 온 '사순 시기 연대'는 우리의 개인적이면서도 공동체적인 삶에서 가시적 방식으로 하느님의 계획을 구현하기 위한 초대라고 할 수 있습니다. 악은 선의 힘으로 정복되고 고통은 사랑의 힘으로 정복되며 궁핍은 연대의 힘으로 정복됩니다.

저는 여러분이 매일의 작은 행동을 통해 사랑과 나눔, 희생을 구체적으로 실천하는 주님의 제자로 살아가면서 그분과 더불어 성주간을 보내시기를 바랍니다. 우리는 이러한 삶을 통해 부활하신 주님의 신비로운 현존을 발견할 수 있습니다. 그분은 언제나 우리 곁에 계시며 모든 이와 더불어 '빵을 쪼개도록' 초대하고 계십니다.

부에노스아이레스, 2008년 2월 6일 재의 수요일

우리 자신을 내주어
모두와 삶을 나눕시다

루카 4,16-30

잠시 다음 장면에 우리의 시선을 고정해 보기로 합시다. 성경 두루마리를 펼친 다음, 곧이어 하느님의 말씀을 읽어 내려가신 나자렛 예수님. 그리고 이 장면과 함께 침묵 속에 머무릅시다. 그분은 잠시 침묵하신 다음, 성경 두루마리를 접고 앉으셨습니다. 그러고는 장엄하게 그 장면을 마무리하셨습니다. 이어서 다음 말씀과 더불어 당신의 태도를 확고히 하셨습니다. "오늘 이 성경 말씀이 너희가 듣는 가운데에서 이루어졌다."(루카 4,21) 무엇보다 이 장면은 우리에게 '도유塗油'에 대해 말해 줍니다. 여기서 보게 되는 주님의 행동 그리고 일어난 사건에 대한 그분의 평가는 우리에게 '날인捺印'에 대해서도 말해 줍니다. **도유와 날인**, 이는 우리의 사제적 마음에 축복이 되는 단어입니다.

루카는 예수님께서 예언자 이사야의 다음 구절을 "찾으셨다."고 우리에게 전합니다. "주님께서 나에게 기름을 부어 주시니 주 하느님의 영이 내 위에 내리셨다. 주님께서 나를 보내시어 가난한 이들에게 기쁜 소식을 전하고 마음이 부서진 이들을 싸매어 주며 잡혀간 이들에게 해방을, 갇힌 이들에게 석방을 선포하게 하셨다."(이사 61,1) 주님의 눈길은 사명을 향하고 있습니다. 주님께서는 삶에서와 마찬가지로 성경 안에서 '물고기를 잡으십니다.' 이렇게 성경에서 적절한 구절을 발견하셨듯이, 예수님은 일상의 삶 속에서 언제나 상처받기 쉬운 연약한 사람들을 발견해 내셨습니다. 그리고 그분의 귀는 당신을 부르는 사람들의 목소리를 듣고, 그분의 사도적 열정은 당신의 겉옷자락을 붙잡는 백성의 간청을 알아채십니다. 그분은 바로 그런 백성을 위해 파견되셨습니다. 이러한 예수님의 **선교 열정**은 늘 우리를 위로해 주며 동시에 당면한 모든 사목적 과제를 향해 나아가게 합니다. 매년 **도유되고 날인되며 파견되는** 우리는 이러한 도유를 새롭게 하기 위해 언제나 처음의 그 장면으로 되돌아옵니다. 그 도유는 우리 자신이 지닌 나약함을 알게 해 주며, 더 나아가 우리 자신에게서 벗어나 다른 사람들을 치유하고 해방해 주며 그들에게 복음을 선포하도록 삶의 모든 언저리로 우리를 파견합니다.

하느님의 으뜸 제자

이러한 선상에서 우리가 『아파레시다Aparecida』(이 문헌은 예표로서의 특징을 갖고 있습니다. 왜냐하면 이 문헌은 사목적 프로그램이라기보다 사목 실천을 위한 전형적인 예이기 때문입니다)의 정신, 곧 **주님의 제자됨과 선교**를 하나로 묶고자 하는 이 문헌의 정신을 받아들인다면, 우리가 이 복음서의 장면을 통해 봐야 할 가장 중요한 모습은 예수님께서 그러하셨듯이 하느님 아버지의 좋은 제자가 되는 것입니다. 당신의 영과 너불어 당신에게 기름 부으신 성부를 끊임없이 언급하는 것은, 그 누구도 잃지 않고 모든 이가 구원받을 수 있도록 성부께로 데려가기 위해 예수님께서 그 모든 이를 '찾으시는 것'과 같습니다.

예수님은 하느님의 으뜸 제자이시며 최고의 목자이십니다. 그분은 언제나 성부의 말씀에 귀 기울이십니다. 성부께서도 예수님이 당신의 말씀을 귀 기울여 듣고 계심을 잘 알고 계십니다. 예수님은 성부께서 당신을 흡족히 여기신다는 확신에서 십자가라는 극한의 상황에서까지 당신의 사명을 완수하기 위한 힘을 이끌어 내셨습니다.

성부의 목소리에 늘 주의를 기울이며 사랑으로 순명하셨던 참제자라는 점이야말로 예수 그리스도의 정체성의 근간이 됩니다. 이러한 순명은 성부의 말씀을 귀 기울여 듣는 것과 그 말씀을 실천하는 것을 하나로 이어 주며 더 나아가 그리스도의 인격(정체성)과 사명을 하나로 통합시켜 줍니다. 그래서 예수님께서는 이사야서를 들고 하느님의 구원 계획을 전하는 내용을 읽으신 다음, 책에서 눈을 떼고 모든 사람의 시선을 당신께로 모으는 가운데 이 장면을 마치셨습니다. 이는 마치 주님의 눈이 성경 전체를 빨아들임으로써 문자가 당신 안에서 살아 있는 말씀, 육화되신 말씀이 되는 듯이 보입니다.

이렇듯, 주님은 이제 살아 있는 책, 곧 '존재와 미래의 의미를 담고 있는' 책으로 드러나십니다. 그 책은 겉과 안에 빼곡하게 주님께서 말씀으로뿐만 아니라 행동, 전 존재를 통해 '육으로 오셨음'을 계시해 줍니다. 이 봉인된 책은 첨가하거나 뺄 것이 전혀 없습니다(묵시 22,18-19). 그런데 이 말씀이 오늘 우리가 들은 이 자리에서 이루어진다는 것은 무엇을 뜻하는 것일까요? 그것은 이 말씀이 도유를 통해 우리 안에서 육화되고 내면화됨으로써 우리에게 정체성을 부여해 주고 우리를 **날인**한다는 것을 의미합니다. 그리고 다른 한편으로 이 말씀은 확산되는 힘을 가지고 있어서 그 말씀을 다른 사람들에게 전해 주는 **사명**을 향해 우리를 열어젖히게 합니다. 이와 함께 말씀은 우리로 하여금 우리 자신에게서 벗어나게 해 줍니다. 우리는 이 말씀에서 **도유**와 **날인**, **사명** 사이에 긴밀한 관계가 있음을 보게 됩니다.

우리의 사제적 정체성

주님의 육(肉)이라는 **날인**—육화한 진리는 인성과 감성 그리고 역사와 문화를 내포한다는 사실과 더불어—은 자신들의 주장을 진리로 받아들이라는 영지주의자들의 유혹에서 우리를 해방해 줍니다. 그러한 영지주의자들의 주장은 우리를 현혹하지만 이내 환멸을 느끼게 합니다. 왜냐하면 그들의 주장은 살아 계시고 육화하신 하느님의 말씀을 듣고 그분과 일치하려는 우리 백성의 육의 마음 안에 뿌리를 두고 있지 않기 때문입니다. 우리가 **도유되는 가운데** 날인되는 이 **인장**은-종이에 스며드는 잉크처럼-하느님의 말씀이 우리 육의 마음 안에 새겨지게 합니다. 더 나아가 이 인장은 도유되신 분 가운데 으뜸이신 그리스도의 이름으로 하는 우리의 모든 행위 안에도 스며듭니다. 그럼으로써 우리의 삶을 통해 그리스도를 증거하는 살아 있는 책, 뼈와 살을 가진 책이 됩니다.

"더 이상 내가 사는 것이 아니라 그리스도께서 내 안에 사십니다."라는 사도 바오로의 증언은 "우리 자신을 내세우지 않는다."라고 하는 이들을 위한 모델이 됩니다. 우리는 자신의 이익이 아닌 주님을 위한 수고를 합니다. 말씀을 내면화하는 **도유의 인장**은 파견이 '무엇인가를 이루는 것'도, 나라를 '경영하는 것'도 아니고, 우리 자신을 온전히 내어 주며 백성과 더불어 삶을 나누는 것임을 가르쳐 줍니다.

우리의 사제적 정체성은 주님께 도유 받고 인장을 날인받았습니다. "우리에게 기름을 부어 주신 분은 하느님이십니다. 하느님께서는 또한 우리에게 인장을 찍으시고 우리 마음 안에 성령을 보증으로 주셨습니다."(2코린 1,21-22) **도유되고 날인된 우리의 사제적 정체성**은 침해될 수 있는 것도 아니고 거래될 수 있는 것도 아닙니다. 그렇다고 빈 통에 넣어 둔 채 보관만 하는 것도 아닙니다. 오히려 그 반대입니다. 교회는 모든 세대 사람들에게 온전히 전해 주고 나누기 위해 하느님의 선물을 있는 그대로 보존하고 관리합니다.

우리의 사제적 정체성은 그 자체로 해명될 수 있는 정체성이 아니라 주변부를 향해 다가감으로써 드러나는 사랑의 정체성이며, 우리가 은총으로 존재하고 모든 면에서 그리스도와 연관되어 있음을 아는 정체성입니다. 그러므로 우리의 정체성은 파견된 정체성이며 동시에 그 **사명 한가운데 있는 정체성**입니다.

날인은 하느님의 서명입니다. 그래서 성부께서는 사랑하시는 당신 아드님 예수님이 하셨고 또 그분이 하시는 모든 일에 대해 서명하셨습니다(요한 6,27 참조). 그에 따라 예수님께서는 우리가 사제의 마음과 당신 이름으로 하는 모든 일에 서명하십니다. 신자들의 마음속에 새겨진 성령의 도유는 우리가 그들을 위해 그리스도 안에서 수고했음을 보여 주는 표식입니다. 우리는 그 백성에게 도유하고 날인하기 위해 파견됐습니다. 그래서 사도 바오로는 다음과 같이 말씀하십니다. "여러분이야말로 주님 안에서 이루어지는 내 사도직의 증표입니다."(1코린 9,2)

이러한 성찰 안에서, 우리는 스스로 책임질 줄 알았고 성령께서 날인하신 것—성모님의 육신을 통해 임하신 하느님의 말씀—을 있는 그대로 받아들일 줄 알았던 요셉 성인에게, 우리 사제들을 위해 다음과 같은 은총을 간구해 주시도록 청해야겠습니다. "사제는 자신을 단지 공동체를 대리하거나 대표하는 자로 여기는 유혹에 떨어져서는 안 됩니다. 무엇보다 사제는 자신을 공동체를 위해 성령의 도유를 받은 이, 머리이신 그리스도와 특별한 일치를 향유하는 자로 여겨야 합니다."(『아파레시다 Aparecida』193)

그러므로 우리는 성령께서 당신의 **도유**와 **날인**을 통해, 사도적 직무를 단순한 관리직으로 보는 우상을 비롯해 다양한 형태의 거짓 영성을 퍼트리는 영지주의 그리고 자기 보증에 대한 헛된 환상—이는 우리를 사제직을 위해 독신을 사는 사람이 아니라 단순히 미혼자로 남게 하고 아무런 열매도 맺지 못하게 합니다—에서 우리를 구해 주시도록 도움을 청해야겠습니다. 성령께서 **도유와 날인**을 통해 우리를 하느님의 충실하고 거룩한 백성을 위한 선물로 변화시켜 주시기를, 그리고 활활 타올라 완전히 소멸되는 불처럼 사도적 **사명**을 수행할 은총을 주시도록 청해야겠습니다. 그렇게 되기를 빕니다.

부에노스아이레스, 2008년 3월 20일 성목요일

2
빵을 나눌 준비가 됐습니까?

정의와 평화, 형제애를 나누고 서로 연대하는 가운데 걷기를 희망하며 이 거리를 걸어갑시다. 더 나아가 그리스도적 시간의 의미를 되새기며 이 거리를 걸어갑시다. 그리스도적 시간은 사랑의 시간이자 사람들 사이를 결속하는 시간입니다. 또한 그것은 서로 간에 벽을 세우는 시간이 아니라 세대 간에 그리고 사람들 사이에 마음의 다리를 이어 주는 시간입니다.

서로 간의 벽을 허물고
마음의 다리를 이읍시다

신명 8,2-3.14ㄴ-16ㄱ; 요한 6,51-58

　우리는 이 장엄한 그리스도의 성체 성혈 대축일에 제자들을 향해 "내 사랑 안에 머무십시오." 하신 예수님의 원의를 새롭게 다져야겠습니다. 이러한 예수님의 원의야말로 우리에게는 생명의 원천입니다. 왜냐하면 그분께서 아버지로 말미암아 생명을 지니셨다면, 우리 역시 그분의 사랑 안에 머물 때 생명을 얻기 때문입니다. 예수님께서는 우리가 모두 당신 안에서 생명을 얻을 수 있게 하시려고 살아 있는 빵, 생명을 불어넣어 주는 빵, 생명의 빵이 되셨습니다.

또한 우리는 이스라엘 백성을 향한 모세의 원의도 새롭게 다져야겠습니다. 모세는 이스라엘 백성이 하느님 사랑에 대해 좋은 기억을 가지도록 격려했습니다. 그는 아버지의 마음으로 이렇게 말했습니다. "너희는 이 사십 년 동안 광야에서 주 너희 하느님께서 너희를 인도하신 모든 길을 기억하여라. …… 그분께서는 너희를 낮추시고 굶주리게 하신 다음, 너희도 모르고 너희 조상들도 몰랐던 만나를 먹게 해 주셨다."(신명 8,2-3)

사랑 안에서 그분을 기억합시다

기억은 하느님께서 우리에게 주신 소중하고 아름다운 선물입니다. 기억은 우리를 사랑 안에 머물게 하고 사랑하는 사람 곁으로 데려다 주며 마음속에서 그들과 더불어 다시금 친교를 나누게 합니다. 성찬례를 통해 거행하는 기억을 우리는 '주님의 수난과 부활에 대한 기념'이라 부릅니다. 기억은 행위와 연관되어 있습니다(여기서 우리는 추상적인 것이 아닌 사랑 가득한 기억에 대해 말하고 있습니다). 예수님께서 보여 주신 최고의 사랑 행위는 당신 자신을 내어 주신 것으로, 이는 영원히 우리의 기억 속에 간직되어 있습니다.

우리는 빵을 쪼개는 행위를 통해 그분의 십자가를 기억하며 그 빵을 나누어 먹음으로써 그분의 부활하심을 기억합니다. 우리가 성찬례의 빵을 맛보는 순간, 성령께서는 예수님이 하신 모든 말씀과 행위를 우리가 기억하게 해 주십니다. 그것은 생명의 원천이자 사랑의 원천입니다. 삶은 평탄하지 않습니다. 하지만 우리는 그 삶의 여정을 걸어야 합니다. 예수님의 사랑 안에 머물기 위해 우리가 몸담고 사는 이 도시의 거리를 걸어야 합니다. 주님께서 우리 가운데 계실 때 하셨던 모든 여정에 대한 기억을 상기하며 성체를 모시고 거리로 나갑시다.

예수님께서 우리를 어떻게 돌봐 주셨는지 상기하며 걸어 봅시다. 그분께서 우리 곁에 함께 걷고 계신다는 확신, 그리고 그분과의 만남에 대한 겸손된 희망을 가지고 밖으로 나가 걸어 봅시다.

성체 거동은 하느님의 충실한 백성인 교회가 혼신을 다해 걸어온 여정에 대한 생생한 기억입니다. 우리는 걸으면서 예수 그리스도를 흠숭하며 우리에게 생명을 전해 주기 위해 사랑을 다해 걸으신 그분의 발걸음을 기억해야 합니다. 우리는 그분의 백성입니다. 우리는 그분 안에 머물기 원하며 우리 안에서 그분이 이루신 구원의 열매를 늘 체험하기를 원합니다. 그런 우리의 원의에 대해 주님께서는 다음과 같이 대답하십니다. "내 살을 먹고 내 피를 마시는 이는 내 안에 머물며 나도 그 안에 머물리라."

사랑에 대한 기억

머물고 기억하며 걷는 것……. 오늘 독서는 우리에게 사랑에 대해 말하고 있습니다. 우리는 사랑 안에 머물기 위해 걸으면서 그분의 행위를 기억해야 합니다. 우리는 걸어야 합니다. 그러나 어디서 왔는지 또 어디로 가고 있는지 유념하면서 걸어야 합니다. 다시 말해, 우리는 기억 속에서 걸어야 하고 기억하면서 걸어야 합니다. 왜냐하면 우리는 가끔 제대로 걷고 있지 않기 때문입니다. 우리는 종종 우리가 어디로 가고 있는지 알지 못한 채 다른 사람들과의 관계도 끊고 자신 안에 틀어박혀…… 고독 속에서 갈기갈기 찢기며 그저 이곳에서 저곳으로 가기 때문입니다.

이와 달리, 주님 사랑에 대한 기억은 우리를 하느님의 충실한 백성으로 인식하게 하며 순례자로서 다른 사람들과 함께 걷게 합니다. 더 나아가 다른 사람들과 연대하고 특히 궁핍한 사람들을 돌보며, 가정과 조국의 안녕을 위해 창조적이고 풍요로운 계획들을 실현해 가면서 걷게 해 줍니다.

성모님은 그렇게 걸으셨습니다. 그분은 천사에게 예수님의 잉태 소식을 듣고 사촌인 엘리사벳을 만나기 위해 일어나 여정을 떠나셨습니다. 성모님은 예수님에 관한 모든 일을 마음속에 고이 간직하셨습니다. 성모님은 십자가의 길에서 아드님과 함께하셨고, 오늘 천상 아버지의 집을 향해 순례하는 현세 교회와도 함께 걷고 계십니다. 성모님은 **사랑 안에 머무셨으며** 하느님의 뜻을 **기억하셨습니다.** 성모님은 언제나 그분의 여정 가운데 계셨습니다. 예수님께서는 친히 성모님에게 하느님의 뜻을 전하셨으며 우리 역시 그렇게 걷도록 일러 주십니다.

주님께서는 우리가 사랑 안에서 걷도록 우리를 파견하십니다. 그분은 사랑 자체이십니다. 그분은 언제나 여정 가운데 계십니다. 그분은 거리 한가운데에서 사람들 사이를 거니시며 일상의 삶 속에서 그들과 함께하십니다. 우리는 그분을 만나기 위한 여정을 시작해야 합니다. 그분과 함께 머물기 위해 거리로 나가야 합니다. 성체는 여정자旅程者를 위한 음식입니다. 그것은 여정을 위한 빵이자 여정에 나선 이를 위한 빵입니다.

자신으로부터 벗어나 다른 사람을 향해 여정을 나설 때 그의 눈과 마음은 열리고 하느님께서 이뤄 주시는 기적과 다시 만나게 됩니다.

'우리'라고 하는 작은 세계 속에 갇혀 개인적 이익만 생각하고 그 안에만 머물러서는 결코 예수님에 대한 기억을 되살릴 수 없습니다. 그리스도인은 순례자이자 여정의 길 위에 있는 사람이고 길을 걷는 사람입니다. 예수님께서는 당신 자신을 '길'이라 말씀하셨습니다. **길이신 주님 안에 머물기 위해서는 무엇보다 그 길을 걸어야 합니다.** 그저 가만히 '머물러 있으면' 안 됩니다. 그렇다고 좌충우돌하는 가운데 사람들을 짓밟으며 길을 가서도 안 됩니다.

예수님께서는 우리가 그저 조용히 머물러 있는 것도, 사람들을 짓밟는 것도, 또 월계수 위에서 잠자는 것도, 화들짝 놀라는 것도 원치 않으십니다. …… 그분은 우리가 온유하기를 바라십니다. 그래서 이 온유함과 함께 우리에게 '결코 기대를 저버리지 않는 희망'을 부어 주십니다. 그분은 우리가 여정 중에 평화롭게 수고하는 이들이 되기를 바라십니다. 그분은 우리가 걷는 여정에 리듬을 부여해 주는 분이십니다.

함께 걷는 기쁨

예수님은 우리가 함께 행렬을 이루며 걸어가야 할 길이십니다. 다른 사람들의 현존을 느끼고 찬미하며, 앞서 간 사람들 그리고 천상을 바라보며 지금 우리와 함께 있지 않은 사람들을 위해 기도하면서 천천히 이 길을 걸어가기로 합시다. 사랑이신 예수님은 그렇게 걸어가셨습니다. 그래서 그분은 당신이 사랑하시는 이들을 기억하고 아버지 앞에서 우리를 위해 항상 중개 기도를 드리고 계십니다.

부에노스아이레스에서 그렇게 걷는 게 얼마나 좋은지 모릅니다. 우리가 사는 이 도시, 이 거리가 얼마나 다르게 느껴지는지, 일주일이 얼마나 열정적인 리듬을 타고 흘러가는지 모릅니다. 우리는 아스팔트 위에 우리의 발자취를 남기고자 합니다. 그래서 모든 사람이 평온하게 이 길을 걷게 되기를 빕니다. 우리가 남긴 발자국이, 평화의 전달자로서의 아름다운 발자국이 되기를 바랍니다.

약속의 땅에서 이방인처럼 걸었던 아브라함처럼, 우리 또한 이 도시에서 일상의 삶을 살며 이방인처럼 걸어야겠습니다. 그러나 오늘만은 하느님 나라의 시민으로서 이 길을 걷기로 합시다. 성찬례에서 드러나는 주님의 실제적 현존과 더불어 이 거리는 새로운 이름으로 솟아오르고 있습니다. 이 거리는 하느님 나라의 거리이고 거룩한 도시의 왕도王道입니다. 다 함께 이 거리를 걸으면서 새롭게 연대하기로 합시다. 그리고 우리 선조들에 대한 기억을 되살려 봅시다. 그분들은 우리가 더 나이지길 희망하며 이 거리를 걸었습니다. 앞을 바라봅시다. 그리고 우리 자녀와 손자들을 바라보며 그 아이들이 정의와 평화, 형제애를 나누고 서로 연대하는 가운데 걷기를 희망하며 이 거리를 걸어갑시다. 더 나아가 그리스도적 시간의 의미를 되새기며 이 거리를 걸어갑시다. 그리스도적 시간은 사랑의 시간이자 사람들 사이를 결속하는 시간입니다. 또한 그것은 서로 간에 벽을 세우는 시간이 아니라 세대 간에 그리고 사람들 사이에 마음의 다리를 이어 주는 시간입니다. 그리고 그 시간은 갈등보다는 일치가 우선하는 시간입니다.

그러므로 주님과 함께 걸어갑시다. 그분의 형제들과 함께 걸어갈 때 우리는 기뻐하게 될 것입니다. 그분께서는 우리와 같은 육을 취하시고 우리 가운데 천막을 치셨습니다. 주님의 사랑을 늘 기억하며 걸어갈 때 우리는 풍요로워지고 창조적으로 변화됩니다.

예수님의 사랑에 대한 기억은 그분의 성체와 성혈을 받아 모시는 가운데 되살아납니다. 성체를 영하고 또다시 성체를 영하는 가운데 우리는 그분의 사랑에 대한 기억을 다시 떠올릴 수 있습니다. 생명의 빵을 씹어 먹으며 우리는 그분의 사랑을 맛보게 됩니다. 이 체험은 우리의 눈을 열어 주고 모든 사물을 다른 시각에서 바라보게 해 줍니다. 그럼으로써 거리는 이제 서로 가까이 다가가고 서로 만나며 연대하는 장소가 됩니다. 이것이 바로 우리를 일치시키는 기억이자, 서로를 외면하지 않고 흩어지지 않는 가운데 사랑 속에 머물려는 하느님 백성을 하나로 모아 주는 기억입니다. "너희가 갈라져 나가지 않도록 너희를 일치시키는 그리스도의 몸을 먹고, 너희가 죄 앞에서 실망하지 않도록 너희 구속의 대가인 피를 마셔라."(그리스도의 성체 성혈 대축일, 『시간전례 독서기도』에서)

부에노스아이레스, 2008년 5월 25일

우리가 찾고 있는 분은
우리 곁에 있습니다

마르 16,1-7

오늘 복음에 등장하는 착한 여인들은 아침 일찍 일어나 돌아가신 예수님의 시신에 기름을 바르러 무덤으로 향했습니다. 그들은 그렇게 할 수 있기를 간절히 바랐습니다. 그들은 그분이 돌아가셨다고 확신했습니다. 그리고 그것으로 모든 게 끝났다고 생각했습니다. 그것으로 모든 역사는 끝났습니다. 아름다운 환상도 끝났습니다. 그들이 할 수 있는 일이란 단지 지금의 삶을 있는 그대로 대면하고 할 수 있는 한 최선을 다하는 것이었습니다.

그러나 주님에 대한 사랑이 그 여인들을 무덤으로 데려왔습니다. 그리고 그들은 무덤 앞에서 누가 이 무거운 돌을 치울 수 있을까 걱정했습니다. 그 돌은 무덤의 입구를 막아 놓은 둥근 돌이었습니다. 그래서 여인들은 서로 이야기를 나눕니다. "누가 그 돌을 무덤 입구에서 굴려 내 줄까요?" 계속해서 복음서가 전하는 말을 들어 보기로 합시다. "그것은 매우 큰 돌이었다." 우리는 그 밖의 일들에 대해서도 잘 알고 있습니다. 그들은 이미 돌이 굴려져 있음을 발견했습니다. 그리고 천사가 그들에게 예수님께서 살아 계심을 전했습니다. 하지만 여인들은 겁에 질려 그 누구에게도 이 사실을 알리지 못하고 있었습니다. 죽을 것만 같은 두려움이 엄습해 왔기 때문입니다.

저는 이 복음을 들으면서 우리가 유다 민족, 하느님 백성의 구원 역사에 대해 읽으면서 오늘 여기서 다시 되새긴 수세기의 역사, 이 모든 역사가 그 누구도 움직일 수 없는 이 돌 앞에서 산산히 깨시고 실패로 돌아간 듯한 느낌을 받았습니다. 예언자들이 했던 모든 약속과 꿈 그리고 희망이 여기 이 돌 앞에서 산산조각 나 버린 듯했습니다. 그리고 수세기부터 이어 온 우리의 삶을 극복할 수 있을 것 같았습니다. 우리의 삶을! 우리는 모두 삶의 역사를 가지고 있습니다. 세기를 흐르는 역사는 아니지만 해를 잇는 역사를 가지고 있습니다. 그 역사에는 우리에 대한 지지도 담겨 있고 반대도 담겨 있으며 좋은 것과 나쁜 것도 함께 담겨 있습니다. 여하튼 우리는 그 모든 것을 아우르는 우리의 역사를 가지고 있습니다. 그리고 우리 모두는 예수님에 대한 믿음을 가지고 있습니다.

하지만 저는 이렇게 묻고 싶습니다. 우리 신앙인들의 생활, 예수님을 따르는 우리의 삶은 얼마나 오랫동안 이 돌을 치워 줄 사람에 대한 기대와 걱정 속에서 이어져 왔을까? 우리는 그렇게 삶을 보냅니다. 이 돌을 치울 수 있을까, 혹시 그럴 수 없다면, 내가 어떻게 하면 더 좋을 수 있을까, 내가 어떻게 하면 최고일 수 있을까, 이 문제 또는 저 문제를 어떻게 해결할 수 있을까…….

이렇듯 우린 언제나 어떤 돌 앞에 서 있습니다. '나는 이 돌을 치워 버릴 수 없다.'는 생각, 이것이 우리를 결박하고 우리에게서 자유를 앗아갑니다. 우리를 날지 못하게 합니다. 우리 자신이 되지 못하게 합니다. 심지어 우리 이름을 함부로 쓰게 만듭니다. 우리는 이 돌을 치워 줄 사람이 누구일까 걱정하며 얼마나 많은 시간을 허비하며 보냈습니까? 그것은 실패한 사람의 모습입니다.

누군가 우리에게 "보시오, 돌이 굴려져 있소. 당신이 찾고 있는 분은 당신 곁에 계시오."라고 말할 때, 우리는 겁을 먹고 도망치며 거기서 빠져나옵니다. 그러므로 용기 있게 그곳에서 나와야 합니다. 사실 우리는 살아 계신 주님을 곁에 두는 불확실함보다 무덤의 돌을 누가 치울 것인지 고민하는 확실함을 더 선호합니다. 주님께서 그런 우리에게 매 순간 새롭고 담대하며 창조적인 영감을 불어넣어 주시기를 빕니다. 부활하신 예수님의 생명이 우리에게 영감을 불어넣어 주시기를!

부활하신 주님의 경이로움

오늘, 이 여인들이 했던 근거 없는 걱정을 바라보면서 우리 삶에 대한 숙고로 넘어가야겠습니다. 무엇보다 우리는 사람들이 이미 돌 주위를 에워싸고 무덤 안에는 아무도 없다고 하는 말에 대해 확신하고 있는지 우리 스스로에게 물어보아야 하겠습니다. "그렇습니다. 아버지, 우리 모두는 그렇게 확신합니다." 만일 그렇게 확신한다면, 어째서 여러분은 어려움을 없애 줄 사람이 누구인지 고민만 하며 시간을 낭비하고 있습니까? 여러분 곁에는 부활하여 살아 계신 주님이 계십니다. 그분은 우리와 함께 계십니다. 누가 여러분에게서 어려움이라는 돌을 치워 줄지에 대해 골똘히 생각하며 슬퍼하지 말고, 그분과의 만남에서 오는 경이로움을 느껴 보십시오. 그 경이로움이 여러분을 변화시켜 줄 것이고 여러분의 삶을 변화시켜 줄 것입니다.

오늘 밤, 우리 각자를 위해 그리고 우리 모두를 위해 예수님께 이렇게 청해야겠습니다. "주님, 제가 당신과의 만남을 통해 감탄하게 하소서. 부차적인 문제에 얽매이지 않게 하소서. …… 주님, 당신께서 부활하셨고 살아 계시다는 것 그리고 제 곁에 계시다는 것, 그것이 거짓이 아님을 알게 하소서. 그리하여 부활하신 당신으로 인해 제가 기뻐하고 감탄하며 즐거워하고 경이롭게 하소서."

우리에게는 다음과 같은 두 길이 놓여 있습니다. 무덤에 돌이 가려져 있다고 믿으며 그 돌을 누가 치워 주길 바라든지, 아니면 그분께서 이미 무덤에서 나오셨으며 우리 곁에 계시다고 믿든지 하는 것입니다. 이 가운데 오늘 우리가 기념해야 할 것은 바로 두 번째 신비입니다. 그분은 살아 계십니다. 여러분이 그분을 만나 뵙기를 바랍니다. 그러므로 그분을 만날 수 있도록 여러분의 삶이 변화되기 위해 무엇보다 먼저 여러분 자신을 그분께 내어 맡기기를 바랍니다. 그렇게 되기를 빕니다.

부에노스아이레스, 2009년 4월 11일

여러분은 빵을 나눌 준비가 됐습니까?

탈출 24,3-8; 마르 14,12-16.22-25

오늘 제1독서의 탈출기는 우리에게 모세와 이스라엘 백성 사이에 이루어진 계약상의 대화에 대해 전하고 있습니다. 모세는 하느님의 율법을 읽고 이스라엘 백성은 거기에 대답하며 다음과 같이 약속합니다. "주님께서 하신 모든 말씀을 실행하겠습니다." 이로써 하느님과 이스라엘 백성 간의 계약이 이루어지게 됩니다.

우리는 여러 성사를 통해 수없이 이러한 계약에 대한 대화, 참된 약속에 대한 대화를 다시 듣게 됩니다. 우리가 유아 세례를 받을 때, 사제는 부모님에게 다음과 같이 물은 바 있습니다. "여러분의 자녀를 신앙 가운데 교육시킬 준비가 됐습니까?" 이에 부모님은 다음과 같이 대답하셨을 겁니다. "예, 준비됐습니다." 또한 혼인성사에서 사제는 그리스도교 신자인 신랑, 신부 여러분 모두에게 다음과 같이 물었습니다. "여러분은 서로에게 충실할 준비가 됐습니까?" 이에 여러분은 이렇게 대답하셨을 겁니다. "예, 준비됐습니다." 또한 우리 사제들은 성품성사에서 다음과 같은 질문을 받습니다. "여러분은 하느님을 찬미하고 그리스도 백성의 성화를 위해 성실히 성찬례를 거행할 준비가 됐습니까?" 이에 대해 우리 사제들은 다음과 같이 대답합니다. "예, 준비됐습니다."

우리는 이러한 일련의 계약 이면에 예수님께서 주지하셨던 고유의 방식을 보게 됩니다. 그분의 방식은 전례가 담고 있는 기억 속에 각인되어 있습니다. 그분은 우리의 삶 속으로 들어오시기 위해 우리에게 허락을 청하시고 당신이 주실 선물을 진정 받기를 원하는지 물으십니다. 그게 그분의 방식입니다. 주님께서는 늘 이렇게 말씀하십니다. "나는 문 앞에 서서 문을 두드립니다. 누군가 내게 문을 열어 준다면, 들어가서 함께 만찬을 들겠습니다." 예수님께서는 우리의 삶 속으로 스며 들어오십니다. 그리고 늘 이렇게 물으실 것입니다. "나와 함께 가지 않겠습니까?" "한 걸음 더 내디딜 준비가 됐나요?"라고.

예수님께서는 우리를 유혹하거나 '위협하는' 수많은 실재 앞에서도 언제나 우리의 자유 의지에 호소하십니다. 많은 사람이 성체와 관련해서 그분이 하신 말씀이 너무 듣기 거북하다고 생각할 때, 예수님께서는 친히 당신의 벗들에게 물으십니다. "여러분도 저를 떠나고 싶습니까?" 그러자 베드로는 모든 이의 이름으로 이렇게 말합니다. "주님, 저희가 당신을 두고 어디로 가겠습니까?"

예수님께서 성찬례를 통해 우리와 함께 빵을 나누기를 "간절히 바라셨다."라고 하는 계약의 대화는 주님께서 당신 자신을 겸손되이 봉헌하시는 모습과 더불어 힘을 받습니다. 주님께서 "받아 먹어라." 하고 말씀하실 때, 그 말이 담고 있는 의미는 다음과 같습니다. "여러분은 내 살을 먹고 내 피를 마시길 원합니까?" 그리고 "나를 기억하여 이를 행하여라."라고 말씀하시면서 다음과 같이 저희에게 물으십니다. "여러분은 나를 기억하여 이를 행할 준비가 됐습니까?" 예수님께서 당신을 빵으로 봉헌하시는 것은 무조건적 사랑을 드러내는 행위입니다. 또한 조건 없이 사랑하기 위하여 당신 몸이 겸손되이 받아들여지기를 청하는 행위이기도 합니다.

그러므로 비록 우리가 한동안 성찬례에 참여하지 않았다 할지라도 성찬례는 언제나 우리 삶의 중요한 순간에 다시 태어납니다. 비록 우리가 의식하지 못한다 할지라도 주님께서는 우리의 여정에 늘 함께하십니다. 빵을 쪼개는 순간 우리의 눈이 열려 **그분의 사랑에 대한 기억을 회복하기도 합니다. 그분의 사랑에 대한 기억을 회복하는 것**, 이것이 바로 성찬례를 거행하는 것입니다.

사랑 안에서 나누며 살아야 합니다

예수님께서는 최후의 만찬을 통해 앞으로 당신이 십자가에서 이루실 당신 자신에 대한 선물을 미리 앞당겨 보여 주십니다.

그래서 성찬례는 우리의 눈을 열어 주고 우리에게 그분의 사랑을 "기억시켜 주며" 우리 마음의 기억을 그분의 사랑으로 차고 넘치게 해 줍니다. 성찬례는 우리에게 예수님의 십자가와 부활의 신비를 함께 체험하게 해 줍니다. 그리고 주님께서 다시 오실 때까지 주님과 함께 사랑의 계약을 보존하게 해 줍니다.

그러므로 오늘은 주님께서 겸손되이 "여러분은 내 사랑에 대한 기억을 다시 살 준비가 됐습니까?"라고 우리에게 청하는 물음을 우리가 깊이 되새기고 그분과 맺은 계약을 쇄신하기 위해 마련된 특별한 날입니다. 이 물음에 대해 우리는 마음을 다해 "예, 준비됐습니다." 하고 응답해야겠습니다. 우리 모두 진심으로 그렇게 응답하기로 합시다.

주님께서는 우리가 당신 사랑 안에 머물도록 명하셨습니다. 그분 사랑 안에 머물기 위해서는 무엇보다 그분에 대한 감사의 기억을 간직해야 합니다. 여러분은 이 사랑의 기억을 잊어버리지 않을 수 있습니까? **여러분은 예수님의 사랑 안에 머물 준비가 됐습니까?** "예, 우리는 그럴 준비가 됐습니다!"

주님께서는 우리가 서로 용서하도록 명하셨습니다. 그러므로 성체를 함께 나눈다는 것은 서로 용서하고 받아들이는 것을 의미합니다. 그렇다면, **여러분은 서로 용서하고 용서받을 준비가 됐습니까?** "예, 준비됐습니다!"

주님께서는 굶주린 사람에게 먹을 것을 나누도록 명하셨습니다. 그리스도의 몸을 받아 모신다는 것은 빵을 나누는 행위를 모든 형제를 비롯해 삶의 모든 차원으로 넓혀 가기 위해 책임을 진다는 것을 전제로 합니다. 그렇다면 과연 **여러분은 빵을 나눌 준비가 됐습니까?** "예, 준비됐습니다!"

주님께서는 제자들의 발을 씻어 주시면서 우리가 당신의 자비로부터 멀어지지 않도록 당부하셨습니다. 그렇다면, 주님께서 여러분 가까이 다가가시어 당신의 자비로 여러분을 어루만지시며 발을 씻어 주시고 깨끗하게 해 주시도록 **여러분 자신을 내어 맡길 준비가 됐습니까?** "예, 준비됐습니다!"

주님께서는 엠마오로 가는 여정에서 슬픔에 젖어 길을 가던 제자들을 나무라셨습니다. 그들은 믿음이 부족했습니다. 자신들은 공동체로부터 고립되고 분리되었다고 생각했습니다. 주님께서는 여러분의 마음속에 새로운 희망의 불씨를 붙이며 당신의 백성으로서 다음과 같이 고백하도록 초대하십니다. "역사의 주인이신 예수 그리스도님, 저희는 당신이 필요합니다!" **여러분은 그분의 초대에 자신을 내어 맡길 준비가 됐습니까?** "예, 준비됐습니다!"

비록 지금까지는 바다에서 아무것도 잡지 못했다 할지라도 포기하지 않고 매일 아침 한 번 더 바다에 나가 노를 저어 **주님의 이름으로 그물을 던질 준비가 됐습니까?** "예, 준비됐습니다!" 분명 주님은 해변에서 불을 피워 놓으시고 구운 물고기와 따스한 빵을 준비하신 다음 여러분을 기다리고 계실 것입니다.

이러한 원의 그리고 이 사랑의 대화와 새로운 계약이 담고 있는 위로와 함께 오늘 믿음을 가지고 성체를 영하러 나아가야겠습니다. 주님에 대한 살아 있는 기억이 우리의 마음을 사로잡도록, 우리 삶의 모든 구석, 특히 스스로를 위로하지 못하는 이들을 감사와 희망으로 도유해 주시도록, 우리를 용서하고자 하시는 그분 자비의 열기와 빛 속으로 들어가게 해 주시도록 그분께 우리를 맡겨 드리기로 합시다.

 이렇듯 축복된 빵으로 양육되고, 구원하시는 그분의 피로 도유된 우리는 이제 그분에 힘입어 우리가 사는 이 도시 곳곳을 다니며 모든 사람을 도유할 수 있을 것입니다. 그분은 일흔두 명의 제자를 첫 번째 선교사로 둘씩 짝지어 파견하십니다. 그리고 오늘 우리도 그렇게 파견하실 것입니다. 오실 그분을 선포하러 갑시다. 그분보다 앞서 가서 그분이 머무르실 곳을 준비하기로 합시다. 그분은 우리의 삶 안에서 친교를 나누시기를 원합니다. 그분은 전 인류에 대해, 특히 우리 죄를 용서하시기 위해 우리의 전 존재를 목말라 하십니다. 그분은 우리에게 일어나는 모든 것, 우리의 사랑에 굶주려 계십니다. 주님은 우리와 친교를 나누시기 위해 성체가 되셨습니다. 그분이 원하시는 친교는 사랑의 친교이자 우정의 친교입니다.

 그러므로 이 계약에 대한 기억을 잃어버리지 말아야 합니다.

원한과 미움, 불화, 이기주의, 분노가 일으키는 모든 것을 거부하며 예수님의 사랑에 대한 기억 안에 머물기로 합시다. 사랑이신 분 안에 머무릅시다. 우리는 마음 깊은 곳에서부터 이 길을 걷기를 원합니다. 우리는 이 사랑의 계약과 더불어 걸을 준비가 됐습니다. 이 여정을 잘 걸을 수 있기를 바랍니다.

부에노스아이레스, 2009년 6월 13일

자선과 기도를 통해 주님을 만나십시오

요엘 2,12-18; 마태 6,1-6.16-18

오늘 우리 마음을 두드리는 교회의 선의善意는 우리 주변을 새롭게 합니다. 그것은 어머니의 애정과도 같습니다. "하느님께로 돌아와 그분과 화해하도록 하십시오. 당신의 마음을 무디게 하지 마십시오. 주님의 목소리를 귀 기울여 들으십시오. 주님의 현존 가운데 죄인으로 부복하십시오. …… 그리고 당신의 마음을 비우십시오. 주님께서 그 안에 들어가실 수 있도록 사리를 만들어 드리기 바랍니다." 교회는 우리에게 어머니처럼 말을 건넵니다. 그리고 주님을 향해 걷는다는 목적과 함께 이 사순 시기를 시작하기를 바랍니다. 교회는 주님과의 만남을 위해 걷도록 우리를 초대합니다. 그런데 그분과의 만남은 우리 마음 안에서 이루어집니다. 바로 이 때문에 교회는 이 사순 시기라는 시간을 마련했습니다. 그러므로 사순 시기는 주님과의 만남을 방해하고 산란케 하는 모든 것으로부터 우리 마음을 깨끗하게 하는 시기라고 할 수 있습니다.

오늘 복음에서 예수님은 이렇게 말씀하십니다. '보시오. 영혼을 화장하지 말고 자선과 단식으로 바꾸시기 바랍니다. …… 다시 말해서 봉사와 영적 가난에 대해 생각해야 합니다.' 그것은 주님의 부탁입니다. 자선과 단식 그리고 고행과 기도를 하십시오. 이는 영혼 안에 주님의 자리를 마련함으로써 주님과의 만남을 이루기 위해서입니다. 그러나 주의하십시오! 겉으로만 그렇게 하지 마십시오. 그리스도인의 적은 위선이기 때문입니다. 예수님께서는 우리가 열린 마음을 가지기를 원하십니다. 그분은 위선적 태도로 만날 수 있는 분이 아닙니다. 그래서 이렇게 말씀하십니다. "주의하시오. 고름으로 가득 찬 당신의 마음을 깨끗이 하시오." "주님, 어떻게 마음을 깨끗이 할 수 있습니까?" "기도와 고행 그리고 자선을 통해서 그렇게 할 수 있습니다."

그렇습니다. 자선과 단식, 고행과 기도를 통해 우리는 주님과의 만남을 준비할 수 있습니다. 그러나 그 일은 분명 어렵습니다. 하지만 그렇게 해야 합니다. 그것은 마치 고름을 짜내는 일과 같습니다. 그렇게 할 때 우리의 마음은 비로소 주님과 만날 수 있습니다.

하느님께로 돌아가시기 바랍니다. 그분과 화해할 수 있도록 여러분을 내어 맡기십시오. 여러분의 마음을 무디게 하지 마십시오. 주님의 목소리를 귀 기울여 들으십시오. 기도와 고행, 자선을 통해 여러분의 마음 안에 주님이 임하실 수 있도록 자리를 마련해 놓으십시오. 오늘 교회는 사순 시기를 시작하면서 우리가 그 일을 하도록 초대하고 있습니다. 오늘 교회가 우리의 이마에 바르는 재는 주님 이외의 다른 것은 모두 헛되다는 것을 우리에게 상기시켜 줍니다.

그러므로 주님께로 돌아가고자 하는 원의와 주님을 향해 회심하고자 하는 원의, 마음을 무디게 하지 않으려는 원의, 주님의 목소리를 귀 기울여 들으려는 원의, 주님을 만나기 위해 마음에 자리를 마련하려는 깊은 원의를 가지고 이 재를 받기로 합시다.

부에노스아이레스, 2010년 2월 17일 재의 수요일

우리는 섬기기 위하여 도유되었습니다

루카 4,16-21

"주님께서 나에게 기름을 부어 주시니
주님의 영이 내 위에 내리셨다."

친애하는 사제 여러분! 우리는 작년 성유 축성 미사에서 사제 직무의 목적에 대해 함께 성찰해 본 적이 있습니다. 그 목적은 다음과 같습니다. "우리는 도유하기 위해 도유된 사람들입니다." 사제는 하느님 백성을 위해 존재합니다. 사제는 하느님이신 우리 아버지의 자비와 사랑으로 도유되고자 하는 사람들을 위해 있습니다. 우리에게는 유일한 구세주요 주님이신 예수 그리스도를 고백하는 가운데 하느님 백성과 동반하게 해 주는 성령의 도유가 필요합니다. 특히 극심한 물질적 가난이 산재해 있고 신앙에 대한 갈망이 넘쳐 나는 이 시대에 우리는 특별한 방식으로 성령의 도유를 받아야 합니다.

오늘 저는 여러분을 거룩한 기름이 솟아나오는 샘이신 분을 관상하도록, 그리고 사제이신 그리스도 위에 머무시는 성령께 눈을 두도록 초대하고 싶습니다. 그분은 거룩함의 영으로서, 우리는 그분 안에서 사제로 도유되고 축성됐습니다. 모든 거룩함의 샘이신 성부를 관상하기로 합시다. 성부께서는 당신이 사랑하시는 성자께 성령을 파견하셨습니다. 성령께서는 도유의 날인으로 예수 그리스도의 머리와 가슴 그리고 손을 적셔 주셨으며 그분을 영원한 사제로 축성하셨습니다. 우리가 수행하는 사제 직무의 기원은 바로 이 원천에서 유래합니다. 주님께 기름을 부어 드린 바로 그 성령께서 우리 또한 도유를 통해 사제로 축성하셨습니다.

성령에 의해 도유되신 그리스도, 성령에 의해 양육되신 목자이신 그리스도, 성령에 의해 인도되신 인도자 그리스도를 믿음의 눈으로 바라보기로 합시다. 성부께서는 성자 예수 그리스도 위로 성령이 내려오게 하셨으며, 성령께서는 예수 그리스도의 모든 활동을 도유하시고 나아가 선택한 사람들을 파견하기 위해 도유하시며 일생을 그리스도와 함께하셨습니다.

성령은 우리 행동의 원천이십니다

주님은 당신 위에 머무신 성령께서 이끌어 주시도록 당신을 온전히 내어 맡기며 순명하셨습니다. 또한 성령께서는 우리 위에 머무시며 우리를 내적으로 인도해 주십니다. 사목자로서의 여정을 인도하는 것은 육(肉)이나 피가 아닙니다. 이곳에서 저곳으로 우리를 움직이게 하는 것은 어떤 인간적 현명함이나 사사로운 이익이 아닙니다. **성령이야말로 우리의 행동에 힘을 불어넣어 주시고** 우리로 하여금 성부를 찬미하며 성부께 영광을 드리고 하느님 백성의 유익을 위해 수고하게 해 줍니다.

또한 성령께서는, 주교가 우리에게 안수하며 "그들 마음에 거룩함의 영을 새롭게 하소서." 하고 청하며 기도할 때 우리 안에 당신의 특징을 새겨 주십니다. 봉헌된 빵과 포도주 위에 매번 손을 뻗어 강복할 때마다 우리는 늘 성찬례 안에서 바로 그 성령과 일치합니다. 그리고 모든 거룩함의 샘이신 성부께 다음과 같이 말합니다. "당신 영을 부어 주시어 이 선물을 거룩하게 하시기를 당신께 청하옵니다." 우리는 우리를 통해 세례의 은총이 아이에게 전해지고 죄를 고백하는 이의 죄가 용서되며 기름을 바름으로써 병자의 고통이 덜어지도록 성령께 기도드려야 합니다.

우리는 그리스도와 함께 그리스도 안에서 다음과 같이 말할 수 있습니다. "주님의 영이 제 위에 머무십니다. 왜냐하면 그분은 도유를 통해 저를 축성해 주셨기 때문입니다."
은총이 이끄는 목적뿐만 아니라 그 은총의 샘에 관심을 두면서 이 말씀을 신앙의 시편처럼 읊조릴 때 우리는 위로를 받습니다. 우리가 누구를 위해 파견되었는지 한번 보십시오. 우리의 사제 직무를 통해 그들이 받는 모든 유익이 우리에게 얼마나 큰 위로를 주는지 모릅니다. 거기에는 사목적 수고가 뒤따릅니다. 사실, 수확할 것은 많은데 일꾼들은 적습니다. 선善은 언제나 우리가 일하기를 기다립니다. 단지 수고가 부족할 뿐입니다.
일상의 일을 하면서 우리는 끊임없이 십자가를 만납니다. 그러나 그것보다 직무의 은총이 어디서 오는지 그 원천을 보기 바랍니다. 선물을 받는 이보다 그 선물을 주시는 분을 보십시오. 헤아릴 수 없이 많은 위로가 거저 주어지는 것임을 느낄 수 있습니다. 우리가 청하는 그 생명의 샘은 영원히 마르지 않습니다. 그분 사랑의 불은 꺼지지 않습니다. 우리의 정신을 비추고 우리의 손과 발을 복음적으로 나아가도록 영감을 불어넣어 주는 숨은 영원히 스러지지 않습니다.

사도들과 성인들, 순교자들이 간직한 줄기찬 에너지는 어디에서 오는 것일까요? 모든 것을 감내하고 모든 것을 희망하는 그분들의 사도적 열정, 끝없는 인내는 어떻게 자라는 것일까요? 무엇보다도 그것은 **그리스도의 인내와 온유함**에서 솟아납니다. 이는 그분의 거룩한 사제직이 갖는 고유한 모습입니다. 그리스도의 이 사목적 온화함은 어디에서 키워 낼 수 있는 것일까요? 그것은 그분 손을 꼭 잡고 있는 사제들에게 전해지며 그분의 옆구리에 기대고 있는 사제들을 축성해 줍니다. 사제적 인내와 감미로움, 온유함은 성령과 그분께서 선사해 주시는 도유와 함께 자라납니다. 그러므로 온유하고 겸손하신 그리스도의 영에 의해 도유되도록 우리 자신을 내어 놓고 그분 안에 깊이 잠길 때, 또한 사목 중에 받은 마음의 상처 속에 그분이 스며들도록 우리 자신을 내어 맡길 때 우리는 다른 사람들을 도유해 줄 수 있습니다.

우리는 '돌'이 되도록 불림 받았습니다. 이는 분명한 사실입니다. 그러나 구체적으로 '성령에 의해 기름부음 받은 돌'이 되도록 불림 받았습니다. 외적인 면에서 볼 때, 교회를 건설하고 유지하며 양 떼가 잘 쉴 수 있도록 그들을 보호하려면 이 돌은 단단해야 합니다. 그러나 내적인 면에서 볼 때 이 돌은 너무 단단해도, 경직되어서도 안 됩니다. 내적인 면에서 보면 사제는 횃불의 불이나 돛의 바람 그리고 빵의 부스러기와 마찬가지로, 병에 담겨 있는 기름이 되어야 합니다.

신자들을 도유하기 위해 우리는 먼저 영혼의 구석구석에 성령의 도유를 받도록 노력해야 합니다. 그래서 하느님의 은총이 영혼 깊숙이 다다라 충만해짐으로써 다른 사람들에게로 넘쳐 흐르게 해야 합니다.

우리는 대사제이신 주님 안에 머무는 가난한 사제들로서 위대하신 목자 안에 머무는 작은 목자들에 불과합니다. 그러나 우리의 입술과 손을 통해 건네지는 은총은 우리가 상상하는 것 이상으로 무한하며, 도유할 때 바르는 기름은 우리로 하여금 영혼의 참안내자들이 되게 해 줍니다. 그러나 안내자인 우리는 먼저 주님으로부터 인도되어야 합니다.

자애로움으로 섬김과 봉사를

사제적 자애로움이야말로, 우리가 주님에 의해 인도되는 안내자들임을 보여 주는 표징입니다. 우리가 다른 사람들을 도유할 수 있도록 성령께서 먼저 우리 존재를 도유로 온유하게 해 주십니다. 그토록 우리 민족을 사랑하시는 '인내하시는 그리스도 성화'에는 이러한 아름다운 은총이 가득 담겨 있습니다. 하느님께 충실한 우리 민족은 형제를 적대시하고 공격하며 파괴하는 이 세상에 지쳐 있습니다. 우리를 더욱 경악하게 하는 것은 바로 그 세상이 권력을 쥐고 흔든다는 사실입니다.

그것은 착하신 목자께서 우리를 이끄시도록 우리 자신을 그분께 내어 맡기는 것과는 반대되는 세상입니다. 하느님께 충실한 우리 민족은 우리 사제들에게 자비로움과 인내를 원합니다.

사제적 자애로움은 주님께서 자기 자신을 이끄시도록 내어 맡긴 사람이 지닌 고유한 모습입니다. "당신의 회초리와 지팡이는 저를 평온케 합니다." 사제적 자애로움과 인내는 하느님께서 당신 백성과 계약을 맺기 위해 그들 한가운데로 파견하신 우리 사제들, 그분에게서 축복받고 위로받은 우리가 지녀야 할 마음입니다. 유일한 대사제이시자 양 떼를 이끄는 착한 목자이신, 성부께서 지극히 사랑하시는 성자를 도유하신 같은 성령께서 바로 우리의 마음을 도유해 주십니다.

사제의 해를 마감하면서 우리의 사제직을 가장 명예롭게 해 주는 것은 성령께서 우리 영혼의 가장 내밀한 곳에서 우리를 충만하고 새롭게 기름 부어 주신다는 점입니다. 우리는 사람들을 섬기고 봉사하기 위해 도유되었습니다. 그들에게서 눈을 떼지 말고 당신 자신을 우리에게 선물로 내어 주시는 주님 안에서 진심으로 기뻐해야 하겠습니다.

부에노스아이레스, 2010년 4월 1일

예수님이 약속하신
희망을 갖고 나아갑시다

루카 24,1-12

우리는 오늘, 이 루카 복음서 구절을 귀 기울여 들으면서 주일 아침에 함축되어 있는 여러 가지 감정을 느끼게 됩니다. 주님의 무덤에 간 여인들은 몹시 당혹스러웠습니다. 왜냐하면 무덤이 열려 있었기 때문입니다. 그들은 두려움에 사로잡혀 있었습니다. 그들은 감히 땅에서 눈을 떼지 못했습니다. 무덤에서 돌아온 그들은 나머지 열한 제자들에게 이 사실을 전했지만 사도들은 그 여인들이 헛소리를 하는 것으로 여겼습니다. 제자들은 그 여인들의 말을 믿으려 하지 않았습니다. 그러나 베드로는 무덤에 다녀온 뒤 놀라움에 가득 차 있었습니다. 당혹스러움,

두려움, 놀라움……, 이는 우리가 방금 들었던 복음 사화에 담겨 있는 감정들입니다. 그들은 무덤이 열려 있다는 사실을 어떻게 받아들여야 할지 몰랐습니다. 그들은 그게 무엇을 의미하는지 몰랐습니다.

더욱이 그곳에 있던 천사는 여인들에게 이렇게 말했습니다. "어찌하여 살아 계신 분을 죽은 이들 가운데에서 찾고 있느냐? 그분께서는 여기에 계시지 않는다. 되살아나셨다." 이어서 그들에게 다음과 같이 설명해 주었습니다. "그분께서 갈릴래아에 계실 때에 너희에게 무엇이라고 말씀하셨는지 기억해 보아라. 사람의 아들은 죄인들의 손에 넘겨져 십자가에 못 박히셨다가 사흘 만에 다시 살아나셔야 한다고 말씀하셨다." 그러자 비로소 여인들은 그분의 말씀을 기억해 냈습니다.

여인들과 제자들은 자신들의 생각 속에 사로잡혀 있었습니다. 왜냐하면 '잊어버렸기 때문에……, 주님의 말씀을 잊어버렸기 때문'입니다. 따라서 천사가 그들의 기억을 일깨워 줘야 했습니다. 그래서 이렇게 말합니다. "약속을 기억하고 희망을 가지십시오!" 오늘 우리가 복음에서 만난 이 여인들과 제자들은 신앙의 역사에 등장하는 인물 가운데 희망을 잃어버렸던 첫 번째 그리스도인들입니다. 그들은 주님에 대한 희망을 잃어버렸습니다. 주님께서 하신 예언을 잊어버렸고 그분께서 하신 약속을 잊어버렸습니다. 그래서 결국 당시 지배하던 힘에 휘둘리고 말았습니다.

우리 역시 이런 함정에 쉽게 빠져들곤 합니다. 희망이 없는 그리스도인이 되기란 참 쉽습니다. 그리스도교 신자로서 매 주일마다 미사에는 참례하지만…… 여러분은 예수님께서 여러분 가운데, 여러분의 가정 안에 그리고 여러분의 삶 속에 살아 계심을 진정 믿습니까? 분명 그렇습니다. 마치 주님께서 무덤에 묻히시고 그 무덤이 돌로 굳게 닫혀 버린 것처럼, 모든 것을 무덤에 묻고 일상을 살아가는 우리에게도 천사의 음성이 충격으로 다가옵니다. "어찌하여 살아 계신 분을 죽은 이들 가운데에서 찾고 있느냐?" 이런 물음 앞에서 우리는 그 어디로도 피할 수 없습니다.

만일 여러분이 그분의 예언을 기억하지 못한다면 결코 희망을 가질 수도 없고, 결국 여러분이 몸담고 있는 이 시대가 주는 영문 모를 불안, 타협, 두려움, 불신앙의 포로가 되고 말 것입니다. 베드로 성인은 초대 교회 신자들에게 우리가 지닌 희망의 이유에 대해 설명할 수 있도록 스스로 준비해야 한다고, 그래서 다음과 같이 말할 수 있는 용기를 가져야 한다고 권고한 바 있습니다.

"저는 희망하기에 이렇게 걷습니다. 살아 계신 주님께서는 저와 함께 이 여정에 동반하고 계십니다. 저는 그분이 다시 오실 때에 제 삶을 비롯해 온 세상을 충만하게 해 주시리라고 희망합니다. 저는 이렇게 걷고 이렇게 행동합니다. 왜냐하면 주님께서 오실 것을 알기 때문입니다! 저는 주님께서 다시 오실 때, 희망 속에서 깨어 준비하고 있는 제가 되기를 바랍니다." 이러한 희망은 다음과 같은 예수님의 약속에 대한 기억에 바탕을 두고 있습니다. "나는 부활할 것이며 여러분과 더불어 세상 끝까지 함께할 것입니다." 여러분은 이 말씀을 믿으십니까?

희망의 밧줄을 부여잡고

저는 이 부활 시기가 여러분 모두의 기억을 새롭게 해 주기를 바랍니다. 예수님께서 당신 자신에 대해 하셨던 말씀에 대한 기억, 우리는 바로 그 기억 속에 우리의 희망을 뿌리내리고 그 희망 속에서 걸어가야 합니다. 그러나 그것은 단순한 낙천주의를 뜻하지 않습니다. 낙천주의는 심리적 태도일 뿐이지만 희망은 하느님께서 주시는 선물입니다. 하느님께서 여러분의 마음속에 이 덕을 심어 주시기를, 그래서 그분의 약속에 깊이 뿌리내려 방향을 잃지 않기를 바랍니다. 희망은 '충만한 시간'이라는 해변가에 내리는 닻과 같습니다. 삶을 절망적이고 비관적으로 바라보는 시각, 또한 삶에서 이도 저도 아닌 중립적 태도를 유지하도록 부추기는 현 세태에 맞서 방향을 잃지 않으려면 이 닻의 밧줄을 꽉 붙잡아야 합니다. 그렇지 않으면 방향을 잃고 표류하는 사람처럼 슬픔의 길을 가게 될 뿐입니다.

그러므로 이 희망의 밧줄을 꽉 부여잡고 예수님께서 우리에게 약속하신 것을 기억하면서 앞으로 나아갑시다. 그리고 천사가 우리에게 했던 다음 말씀을 기억합시다. "어찌하여 살아 계신 분을 죽은 이들 가운데에서 찾고 있느냐?"

부에노스아이레스, 2010년 4월 3일

그리스도인의 마음은
늘 열려 있어야 합니다
요한 2,1-11

 지극히 존경하올 아이티 공화국의 레이몽 매튜 대사님, 그리고 사랑하는 형제자매 여러분! 오늘 복음은 예수님께서 행하신 첫 번째 기적 사건을 우리에게 전해 주고 있습니다. 혼인 잔치의 기쁜 광경이 담겨 있는 이 장면에서 우리는 즐거운 축제 중에 있는 사람들을 보게 됩니다. 그런데 거기에는 문제가 숨어 있었습니다. 하지만 그 누구도 그것을 알아채지 못했습니다. 잔치에 포도주가 떨어지고 만 것입니다. 이미 포도주 항아리는 비었고 더 이상 포도주는 그 어디에도 없었습니다. 당황스러운 일이 아닐 수 없습니다.

그러자 성모님이 예수님께 다가가 이렇게 말씀하십니다. "문제가 생겼습니다." 처음에는 예수님께서 당신의 때가 아니라고 대답하셨습니다. 그러나 어머니의 말씀에 귀를 기울이셨습니다. 저는 성모님이 예수님의 어린 시절부터 그분이 다른 사람들의 삶을 바라보며 그들을 이해하고 함께하며 그들이 겪는 모든 고통과 문제를 위로해 주도록 교육하셨다고 생각합니다. 예수님께서는 어디에 문제가 있는지 유심히 바라보셨습니다.

흥미로운 것은, 그 후부터 예수님께서는 일생을 통해 당신 주변에 있는 사람들, 부끄럽고 두려워서 숨어 있는 사람들을 만나셨다는 점입니다. 그들 대부분은 문제가 있는 사람들, 곧 나병환자이거나 시각장애인, 지체장애인이었기 때문에, 또는 죄인이었기 때문에 감히 다른 사람들과 함께할 수 있는 용기를 내지 못하는 이들이었습니다. 당시 그들은 죄인들로 간주됐습니다. 그러나 사실 우리 모두가 죄인입니다.

도움이 필요한 형제에게 다가가십시오

예수님께서는 언제나 당신이 가시는 길의 주변을 유심히 보셨습니다. 그리고 그곳에 숨어 있던 사람들을 부르곤 하셨습니다. 극한 어려움 중에 있는 사람, 삶에서 주변으로 밀려나 있는 소외된 사람들을 바라보고 그들을 부르셨습니다. 이는 예수님만의 독특한 모습이셨습니다.

예수님께서는 그들을 도와주시고 치유해 주시며 위로해 주시고 용기를 북돋아 주셨으며 마침내 당신의 제자로 삼으셨습니다. 그분은 문제를 안고 살아가는 사람들을 바라보고 그들에게 다가가는 삶의 태도를 우리에게도 가르치셨습니다. 착한 사마리아 사람의 비유에서 예수님께서는 강도를 만나 죽어가는 사람을 외면한 채 그곳을 떠난 사제나 율법 학자를 칭찬하지 않으셨습니다. 예수님께서는 문제가 있는 곳에 가까이 다가가 주위에 있는 사람들에게 "여러분도 이와 같이 하시기 바랍니다. 도움이 필요한 형제에게 가까이 다가가십시오. 문제가 있는 곳에 가까이 가십시오." 하고 말씀하십니다. 성모님은 예수님께 문제가 있는 곳을 알려 주셨습니다. 당시 성모님은 예수님께서 문제가 있는 곳으로 가까이 다가서시도록 초대하셨습니다.

성모님은 우리에게 뭐라고 말씀하실까요? 혼인 잔치를 위해 봉사하던 사람들을 비롯해 오늘 이 복음을 듣는 우리에게 성모님은 뭐라고 말씀하실까요? "무엇이든지 그가 시키는 대로 하십시오." 예수님께서는 우리에게 이렇게 말씀하십니다. "가까이 다가가십시오." "필요한 곳이 있다면, 바로 그곳에 제가 숨어서 함께하겠습니다. 나는 그 궁핍으로 고통받는 사람입니다." 예수님께서는 우리에게 그렇게 말씀하십니다.

주변의 고통에 고개 돌리지 마십시오

오늘 우리는 이 미사를 통해 성모님이 우리에게 하신 말씀, "무엇이든지 그가 시키는 대로 하십시오."라는 구절과 주님께서 우리에게 하신 말씀, "가까이 다가가십시오."라는 구절을 들었습니다. 헛된 곳에 정신을 팔지 말고 방심하지도 마십시오. 고통받고 있는 이 민족, 아이티 공화국 사람들, 이 노인과 어린 아이들을 보십시오. 혹독한 지진으로 죽어 간 수많은 사람들, 상처받은 수많은 사람, 헐벗은 수많은 사람들을 보십시오. 단순히 신문에서 소식을 읽고, 텔레비전을 통해서 보는 것만으로 끝

나서는 안 됩니다. 여러분의 마음을 그곳에 가까이 가져가십시오. 누군가 이렇게 말할지 모르겠습니다. "휴가 중이라 그럴 수 없습니다."

그러나 그리스도인의 마음은 결코 휴가 중이어서는 안 됩니다. 그의 마음은 언제나 도움이 필요한 곳에서 봉사하고 가난하고 소외된 사람들을 섬기기 위해 늘 열려 있어야 합니다. 진정한 그리스도인이라면, 궁핍한 바로 그곳에 역경 가운데 있는 사람들이 누려야 할 권리도 있음을 잘 알고 있기 때문입니다. 이들은 우리의 형제입니다. 그들은 우리의 관심을 받을 권리가 있습니다.

우리의 마음을 가난하고 소외된 이들에게로 가까이 가져가기 위한 방법에는 여러 가지가 있을 수 있습니다. 기분을 전환하기 위한 여가 시간을 포기할 수도 있고, 침묵 가운데 그들을 위해 기도드릴 수도 있습니다. 또한 그들의 고통에 동참하기 위해 고행을 할 수도 있습니다. 그들이 먹을 양식과 약을 비롯해 필요한 물품들을 얻을 수 있도록 여러분이 가진 것을 나누기 바랍니다. 우리 형제가 삶의 변두리에 있습니다. 우리 형제가 고통을 받고 있습니다. 그러므로 헛된 곳에 정신을 팔아선 안 됩니다.

이제 성모님이 우리 마음 안에 자리하시기를, 그래서 그분이 예수님께 하셨듯 우리에게도 그렇게 하시기를 빕니다. "문제를 바라보십시오." 마치 예수님께서 이렇게 말씀하시는 듯합니다. "그게 저와 무슨 상관입니까? 저는 개입하지 않겠습니다." 그러나 성모님은 그분을 밀어붙이셨습니다. 성모님이 우리로 하여금 형제들을 위해 기도와 고행 그리고 자선을 베풀 수 있도록, 그러기 위해 우리가 애착하는 것으로부터 벗어날 수 있도록 우리를 밀어붙이시기를 기대합니다. 그래서 형제들을 도울 수 있기를 바랍니다.

우리의 마음과 정신에 스쳐가는 이 사랑이 우리 주머니를 열게 해 주기를 빕니다. 우리를 사랑스러운 눈길로 바라보시며 이렇게 말씀하시는 성모님을 바라봅시다. "무엇이든지 그가 시키는 대로 하십시오." 예수님은 뭐라고 하십니까? 그분은 착한 사마리아 사람의 비유에 나오는 사제와 율법 학자처럼 문제를 회피하며 그저 한번 둘러보고 지나치지 말고 문제가 있는 바로 그곳으로 다가서라고 하십니다. 그러니 여러분도 형제들에게 다가서십시오. 그 문제는 바로 여러분의 형제가 겪고 있는 고통이자 상처입니다. 그 상처를 함께 나누며 형제들을 위해 울 수 있기를 진심으로 바랍니다.

2010년 1월 17일

이기주의를
벗어던지십시오

2코린 5,20-6,2; 마태 6,1-6.16-18

마음의 주름을 펴는 자선

사순 시기는 우리가 본래 어떤 존재인지, 다시 말해 우리는 한 줌의 흙과 먼지에 불과하다는 진실을 상기시키는 재를 얹는 예식으로 시작됩니다. 하느님께서는 우리를 흙으로 창조하셨고, 결국 우리는 한 줌의 재로 돌아갈 것입니다. 그러나 이러한 것들만이 전부라고 한다면 서글프기 짝이 없을 것입니다. 우리는 하느님께서 당신의 사랑 가득한 손으로 빚어 만드신 소중한 존재입니다. 하느님은 그런 우리에게 숨을 불어넣어 주시고 생명을 선사하셨습니다. 그리고 우리에게 숨을 불어넣어 주시면서 동시에 희망도 심어 주셨습니다. 하느님은 우리에게 희망하시기 때문입니다. 그리고 우리는 재로 돌아갈 것입니다.

하지만 그 재는 이 세상에서 우리가 이룬 사랑의 흔적들을 간직하고 있을 것입니다. 그러므로 이러한 전망에서 사순 시기는, 우리가 어떤 사랑을 바탕으로 창조되었는지 그리고 이 세상을 사는 동안 우리가 간직해야 할 것은 무엇이고, 남기고 가야 할 사랑은 무엇인지 가르쳐 줍니다.

그런데 이 기간 동안 우리는 참회, 기도와 단식을 해야 합니다. 사순 시기 동안 행하는 자선이라는 자기 이탈 행위는 결코 마조히즘(masochism, "주님 저는 악한 사람입니다. 그래서 좋은 사람이 되기 위해 저를 학대합니다."라는 식의 자기 학대)이 아닙니다. 그것은 이기주의로 쪼그라든 우리 마음의 주름을 펴는 일입니다. 그래서 교회는 매년 우리에게 다음과 같이 전합니다. "저 너머를 바라보십시오. 저 지평선을 바라보십시오. 하느님께서는 여러분이 주름으로 구겨진 마음을 갖도록 만들지 않으셨습니다. 그분은 여러분이 이기주의자가 되도록 만들지 않으셨습니다. 여러분 자신만을 위해 만들지 않으셨습니다. 그분은 사랑을 위해 여러분을 만드셨습니다."

그래서 사도 바오로는 지극히 아름다운 다음의 강론을 하셨습니다. 이 구절은 사순 시기 내내 우리가 지켜야 할 모토와도 같습니다. "우리는 그리스도의 이름으로 여러분에게 빕니다. 하느님과 화해하십시오." 이 말은 사순 시기 동안 여러분이 부르짖어야 할 외침입니다. "하느님과 화해하십시오."

"그런데 신부님, 저는 하느님과 싸우지 않았습니다." 물론입니다. 그러나 예수님께서 말씀하신 위선자들과 마찬가지로, 여러분은 자신의 편안함에 안주하며 자신의 것에만 지나치게 몰두해 있습니다. 이로 인해 하느님으로부터 멀어졌습니다. 그래서 여러분의 마음은 주름으로 가득합니다. 그러니 하느님과 화해하십시오. 그리고 요엘 예언자가 자기 백성에게 부르짖은 다음의 외침을 들으십시오. "주님께서 말씀하십니다. '온 마음 다해 내게로 돌아오라.' 그러니 여러분의 옷이 아닌 마음을 찢으십시오. 여러분의 하느님이신 주님께 돌아오십시오."

이 말씀은 사순 시기의 모토와 같습니다. 우리는 하느님과 화해해야 합니다. 예수님께서는 우리를 그분과 화해시켜 주십니다. 우리를 하느님과 화해시켜 주실 수 있도록 예수님께 자리를 마련해 드리기로 합시다. 그리고 온 마음을 다해 주님께 되돌아갑시다. 이러한 회심은 무엇보다 이기주의를 넘어서서 마음의 주름을 펴고 우리 지평을 여는 태도와 함께 이루어집니다. 사순 시기는 예수님께서 복음서에서 말씀하셨듯이, 무기력한 얼굴로 슬픔에 젖어 지내는 시기가 아닙니다. 이 시기는 무엇보다 사랑의 지평을 바라보며 그 사랑을 향해 우리 마음에 더 큰 열망이 일어나도록 우리를 주님께 내어 맡기는 때입니다.

이기주의를 벗어던지십시오

언젠가 저는 어느 수사님이 쓴 비유 하나를 읽은 적이 있습니다. 그 이야기는 마음에 주름이 생기는 것이 무엇인지 또 세상이 우리를 짓누르려 하는 것이 무엇인지 깨닫는 데 큰 도움이 됐습니다.

그 비유는 이렇습니다. "산을 오르던 청년들이 있었습니다. 그들은 산속에서 독수리 둥지를 발견하고 나무 위로 올라가 독수리 알을 가지고 내려왔습니다. 그들은 그 알을 가지고 무엇을 할지 서로 얘기를 나눴고, 그중 한 청년이 자기 집에 알을 품고 있는 칠면조가 있으니 칠면조에게 가져가자고 제안했습니다. 그래서 그들은 그 알을 가져가 칠면조가 품고 있던 여러 알 속에 집어넣었습니다.

얼마 후 새끼 새들이 알을 깨고 나와 자라게 됐습니다. 그런데 독수리 새끼는 다른 새끼들과 다르게 행동했습니다. 칠면조 새끼들이 땅을 보면서 자라는 반면, 독수리 새끼는 하늘을 바라보았고 이내 뭔가 다르다는 걸 느끼기 시작했습니다. 그러나 높이 나는 본성을 지녔음에도 아무도 그 새끼에게 나는 법을 가르쳐 주지 않았기에, 그 새끼는 칠면조들 사이에서 커 가며 칠면조의 삶을 살았습니다."

"하느님과 화해하십시오." 그리고 "온 마음을 다해 하느님께 돌아가십시오."라는 부르심에 더해 우리는 다음과 같이 자문해 봐야 합니다(아마도 부에노스아이레스 사람이라면 제 말의 의미를 잘 이해하리라 생각합니다). "나는 칠면조로 살 것인가? 아니면 높이 날고자 열망하겠는가? 혹여 나는 자신의 만족만 추구하며 내 것에만 관심을 가진 채, 세상이 하는 모든 것을 그대로 답습하는 앞 못 보는 양 떼처럼 매여 있는 것은 아닌가? 아니면 높이 날기 위해 창공을 바라보고 있는가?"

여러분에게 분명히 말씀드립니다. 이 사순 시기 동안 더욱더 기도에 전념하고 높은 곳을 바라보십시오. 여러분으로 하여금 잘못된 방식으로 삶을 즐기게 하는 모든 것에서 벗어나십시오. 아이들과 함께 병자를 방문하고 늘 같은 말을 반복하며 여러분을 귀찮게 하는 아버지와 할아버지의 말에 귀를 기울이십시오. 그렇게 선행을 하며 이 시기를 유익하게 보내시기 바랍니다. 이기주의를 벗어던지십시오. 그리고 주위를 둘러보며 도움을 필요로 하는 사람들을 돕기 위해 여러분이 버려야 할 것이 무엇인지 찾아보십시오. 만일 사순 시기를 이렇게 지낼 수 있다면 여러분의 마음은 저 높은 곳을 바라보게 될 것이고, 마침내 매우 경이로운 체험을 하게 될 것입니다.

실제 무덤이었던 무디어진 여러분의 마음이 여러분을 구원하기 위해 부활하신 주님을 증언하는 무덤이었다고 느끼기를 바랍니다. 여러분은 거기서 살아 계신 예수님을 만나게 될 것입니다. 그러므로 이 위대한 희망과 함께 이제 건강한 낙천주의로 사순 시기를 시작하도록 합시다. 하느님과 화해하십시오. 온 마음을 다해 주님께 되돌아가시기 바랍니다. 그리고 마음의 주름을 펴고 높은 곳을 바라보십시오. 나머지는 모두 주님께서 하실 것입니다. 그분을 신뢰하십시오.

부에노스아이레스, 2011년 3월 9일 재의 수요일

자비로운 행동은
기쁨으로 도유됩니다

이사 61,1-9; 루카 4,16-21

　매년 성목요일 성유 축성 미사에서 우리는 주님의 모든 직무를 상징적으로 종합하고 있는 루카 복음서의 장면을 보게 됩니다. 우리는 "오늘 이 성경 말씀이 너희가 듣는 가운데에서 이루어졌다." 하신 주님의 말씀을 귀 기울여 듣기 위해 모였습니다.

　주님은 당신의 인격, 사명을 우리에게 밝히 알려 주시려고 이사야서의 구절을 당신 것으로 취하셨습니다. 그분은 직접 당신의 말씀을 전하지 않는 겸손을 보이셨습니다. 그분은 위로의 책이라고 할 수 있는 이사야서에서 지극히 아름다운 이 구절을 취하셨습니다.

사제인 우리는 성부께서 성자께 맡겨 주신 사명에 참여합니다. 우리는 이 사명을 쇄신하기 위해, 그리고 우리 어머니이신 성교회가 안수를 통해 우리에게 전해 준 거룩한 영의 은총을 마음으로부터 새롭게 하기 위해 매년 성유 축성 미사에 참여합니다. 성부께서 사랑하시는 대사제이신 아드님 예수님께 머물던 바로 그 성령께서는 오늘 세상의 모든 사제 위에 머물고 우리를 당신의 충실한 백성 한가운데로 파견하시며 그 사명을 맡기십니다.

방탕한 아들을 기다리는 아버지의 자비

우리는 예수님의 이름으로 모든 이에게 **진리를 전하고 선을 행하며 우리 백성의 삶을 기쁘게 하도록** 파견됐습니다. 우리에게 맡겨진 사명은 이 세 가지 영역에서 동시에 이루어져야 합니다. 첫 두 가지 사명은 분명합니다. 모든 복음 선포는 언제나 자비, 정의와 관련된 구체적 가르침을 통해 표현됩니다. 그것은 단순히 성찰 후에 이어지는 행동 그 이상입니다. 복음적 진리 안에서 우리를 비춰 주는 것은 사랑입니다. 그리고 주님의 비유 속에서 빛을 발하는 또 하나의 진리는 방탕한 아들을 기다리는 아버지의 자비입니다. 그것은 착한 목자이신 하느님의 연민 가득한 마음으로 나아가도록 우리를 자극하는 진리이자 선을 행하도록 독려하는 진리입니다.

기쁨이라고 하는 세 번째 영역은 하느님의 아름다움이라는 영광의 영역과 관련됩니다. 우리는 우리가 받은 이 사명이 간직한 아름다움을 '느끼고 맛보기 위해' 성찰할 시간이 필요합니다. 루카 복음사가는 '은총의 해'를 살기 위한 이미지와 더불어 하느님의 종이 수행해야 할 사명이 지닌 아름다움을 함께 담아 내고 있습니다. 폭력과 불평등으로 끊임없이 불안에 떠는 백성에게 평화로운 해를 산다는 것, 축제를 거행하며 기쁨의 해를 산다는 것이 무엇을 의미하는지 생각해 봅시다.

우리는 '비탄에 잠겨 있는 백성을 위로하도록' 파견됐습니다. 그런데 이 위로는 무엇보다 그들의 재를 왕관으로 바꿔 주고, 그들이 입고 있는 슬픔의 옷을 기쁨의 기름으로 바꿔 주며, 그들의 낙담을 찬미의 노래로 바꿔 주는 데 있습니다. 오늘 독서에서 이사야 예언자는 '재' 대신 '화관'을, '슬픔' 대신 '기쁨의 기름'에 대해 전하고 있습니다(이사 61,1-3 참조).

'기쁨'과 '위로'는 진리와 사랑이 서로 반대되지 않으며 오히려 사목자인 우리와 우리가 봉사하도록 파견된 백성의 마음속에 현존하면서 서로 함께 작용하여 맺어지는 결실입니다(따라서 그것은 복음적 표징이기도 합니다). 사목자의 마음에 기쁨이 있다면, 그것은 그의 행동이 성령으로부터 왔다는 표징입니다. 또한 백성에게 기쁨이 있다면, 그것은 그들에게 주어진 것—선물, 복음 선포처럼—이 성령으로부터 왔다는 표징입니다. 우리를 파견하신 성령께서는 불쾌의 영이 아닌 위로의 영이시기 때문입니다.

잠시나마 이사야서에 나오는 장면을 그려 보기로 합시다. 가장 좋은 옷을 입고 성모님과 성인들이 발하는 광채 속에서 도유와 내면적 기쁨으로 가득 차 노래하고 축복하며 축제를 즐기고 있는 사람들을 상상해 봅시다. 주님께서 당신 백성 가운데 머물고 계신다는 징표를 보여 주는 이 장면은 충만한 성령을 얼마나 잘 표현하고 있는지 모릅니다. 이 장면이 단순히 성령을 미화시키고 있는 장면만은 아닙니다. 무엇보다 그것은 바오로 6세 교황이 말씀하신 사명의 본질에 대해, 곧 '감미롭고도 위로를 주는 복음 선포의 기쁨'에 대해 전하고 있습니다.

그러므로 "슬픔과 낙담 중에 있는 이 세상에, 인내심 없고 불안에 사로잡힌 선교사가 아니라 먼저 스스로 그리스도의 기쁨을 받아들임으로써 그 복음적 열정을 사는 사람들을 통해 복음이 전해지게 됩니다."(『아파레시다Aparecida』552)

단지 우리가 전하는 진리가 정통적이고 우리의 사목적 행위가 효율적이라는 것만으로는 충분하지 않습니다. 아름다움에 대한 기쁨이 없다면 진리는 냉랭하고 무자비하며 교만할 것입니다. 우리는 이런 모습을 무뚝뚝한 근본주의자들의 대화에서 찾아볼 수 있습니다. 그들은 그리스도의 진리 안에 담긴 영광 가득한 감미로움을 맛보는 대신 마치 재를 씹는 듯 보입니다. 그리스도의 진리는 부드러운 빛으로 모든 실재를 비춤으로써 매일 그 실재가 지닌 아름다움 그대로를 우리에게 보여 줍니다.

자신이 가진 것을 나누는 기쁨

아름다움에서 얻어지는 기쁨을 무시한 채 이루어지는 선을 위한 수고는 음침한 성과주의로 전락하고 말 것입니다. 우리는 이 점을 과도한 활동을 추구하는 활동주의자들에게서도 봅니다. 그들은 내적 변화의 기쁨이라는 기름으로 도유하는 대신, 슬픔에 푹 젖어 일하는 사람들처럼 보입니다.

퉁명스럽고 슬픔에 젖은 음침한 영은 주님께서 주시는 위로의 영에 반대되는 모습입니다. 불쾌감에 젖은 나쁜 영은 시큼털털한 영으로 과거의 향기와 미래의 희망까지도 시게 만듭니다. 그 영은 우리에게서 현재의 기쁨을 앗아갑니다. 우리는 그것으로 그 영이 어떤 영인지 식별할 수 있습니다. 지금 우리가 누릴 수 있는 기쁨 중에는 무엇보다 가난의 기쁨이 있습니다. 그 기쁨 안에는 주님께서 매일 선사하시는 선물이 있습니다. 또한 형제적 기쁨은 자신이 가진 것을 나누며 기뻐하는 것을 말합니다.

그리고 단순한 마음으로 숨은 봉사를 하는 인내의 기쁨이 있고, 오늘의 교회 안에서 주님께서 자신을 이끄시도록 내어 맡기는 희망의 기쁨이 있습니다. 예수님께서는 "오늘 이 성경 말씀이 너희가 듣는 가운데에서 이루어졌다."라고 말씀하시며 오늘 하느님께서 주시는 기쁨과 위로를 누리도록 초대하십니다. 루카 복음사가가 말하듯이, 우리는 그분에게서 나오는 은총의 말씀에 감탄하며 증언하던 사람들의 마음에서 일어난 첫 번째 은총의 이 기쁨과 위로를 눈여겨봐야 합니다. 여기서 말하는 위로는 단순히 지나가는 감정이 아니라 삶의 선택을 의미합니다.

그런데 예수님의 고향 사람들은 다음과 같이 퉁명스럽게 말합니다. "모두 그분을 좋게 말하는데, 도대체 카파르나움에서 했다고 들은 그 기적들을 왜 여기서는 하지 못하지?" 여기서 우리는 하느님의 종이신 예수님의 보편적 사명이 나자렛과 카파르나움으로 축소되는 것을 보게 됩니다. 이는 교회 안의 사람들을 슬픔의 딸들이 되게 하고, 더 나아가 슬픔을 만드는 형국이라 할 수 있습니다.

위로가 삶의 선택이라고 할 때, 그것은 허영에 가득 차 스스로 대단하다고 생각하는 사람들이 아닌, 가난한 이들과 작은 이들의 선택임을 알아야 합니다. 사목자가 해야 하는 선택은 바로 이런 선택입니다. 곧 주님을 신뢰하며 복음을 선포하러 가되 지팡이도 갖지 않고 여분의 신발도 없이 주님께서 가시는 곳이면 어디든 평온하게 뒤따라가는 것입니다. 이는 그에게 지속적이고 안정된 기쁨을 가져다줍니다.

이러한 위로의 영은 '선교하러 가기 전'에만 있는 것이 아닙니다. 우리는 선교의 한가운데에서도 하느님 백성으로서 가슴 뛰는 기쁨과 희망을 발견하게 됩니다. 이러한 기쁨 안에서 우리가 제대로 바라볼 줄 안다면, 우리는 사람들에게 전해 주기 위해 가지고 있는 것, 그 이상을 받게 될 것입니다. 하느님께 충실한 우리 백성이 기쁠수록 그들의 목자 또한 기쁠 것입니다. 우리가 백성과 더불어 기뻐할 때, 그런 우리를 보며 사람들이 얼마나 기뻐하는지 모릅니다. 이유는 단순합니다. 그들에게는 위로해 주는 목자가 필요하기 때문입니다. 그들은 불평이나 근심이 아닌 찬미와 평화 속으로 이끌어 주는 목자의 위로에 자신을 맡깁니다. 그러므로 영의 일치는 고통이 아닌 인내 속에서 이루어집니다.

사람들의 위로를 가득히 받으신 성모님은 - 엘리사벳이 성모님에게 끊임없이 "행복하십니다, 주님께서 하신 말씀이 이루어지리라고 믿으신 분!" "당신은 여인들 가운데에서 가장 복되시며 당신 태중의 아기도 복되십니다!"라고 하였듯이 - 진리를 선포하는 우리를 보고 기뻐하십니다. 그리고 우리의 자비로운 행동이 기쁨의 기름으로 도유될 수 있도록, 우리를 위로의 영 안으로 초대하십니다.

부에노스아이레스, 2011년 4월 21일

3
두려워하지 마세요, 울지 마세요!

우리의 손은 "굶주리고 목말라하는 사람들, 병자들, 상처받은 사람들, 감옥에서 고통받는 사람들, 헐벗은 사람들, 태어날 때부터 천대받으며 힘겨운 고독 속에 살아가는 사람들"이 아버지 하느님의 도유를 느끼게 해 주어야 합니다.

성체와 교회, 계약의 신비

요한 6,41-51

성체, 세상의 생명을 위한 하느님의 선물

　제49차 세계 성체 대회를 위해 베네딕토 16세 교황이 선택한 주제는 요한 복음서, 특히 우리 주님이신 예수님께서 선언하신 말씀에 근거합니다. "나는 하늘에서 내려온 살아 있는 빵이다. …… 내가 줄 빵은 **세상에 생명을 주는** 나의 살이다."(요한 6,51)

　베네딕토 16세 교황의 회칙 『사랑의 성사』의 핵심 주제는, 모든 사람에게 생명을 전해 주고자 하는 하느님의 선물인 성체입니다. 이 회칙의 제1부인 '성찬례, 믿어야 할 신비'에서 베네딕토

16세 교황은 성체를 **세상에 생명을 전해 주기 위해** "지극히 거룩하신 삼위일체께서 거저 주시는 선물"[1]로 흠숭하도록 권고하였습니다. 그리고 최종적으로 제3부인 '성찬례, 살아야 할 신비'를 통해서는 주님과 더불어 우리 자신을 모든 사람들을 위해 성체처럼 봉헌하도록 권고하셨습니다. 왜냐하면 우리 각자는 "그리스도를 믿는 모든 이에게 다른 이를 위하여 쪼개진 빵이"[2] 되도록 부름 받았기 때문입니다. 그러므로 성체는 우리가 주님에게서 **받은 생명의 선물**이며, **모든 이에게 주어지는 생명의 선물**입니다.

또한 『아파레시다Aparecida』 문헌에는 선교적 열정, 감사의 찬미와 함께 예수 그리스도께서 주신 생명이 담겨 있습니다. 그것은 우리 백성에게도 그 생명이 전해지게 하기 위해서입니다. 왜냐하면 "생명은 하느님의 선물이자 과제이기 때문"[3]입니다.

"성체는 우주의 살아 있는 중심이며 인간 생명의 배고픔과 행복을 채워 줄 수 있습니다. 왜냐하면 예수님께서 다음과 같이 말씀하셨기 때문입니다. '나를 먹는 사람도 나로 말미암아 살 것이다.'(요한 6,57) 이 행복의 향연에서 영원한 생명에 참여함으

로써 우리의 매일은 미사의 연장이 되는 것입니다."[4] (성 알베르토 우르타도)

그러므로 성찬례는 하느님께서 우리에게 주신 선물이자 동시에 우리가 수행해야 할 사명입니다. 더 나아가 **교회는 성찬례, 계약의 신비**의 핵심 요소라고 하겠습니다. 좀 더 쉽게 이 교리를 전하기 위해 '**거룩한 독서**'처럼 세 단계로 설명하고자 합니다. **첫 번째 단계**는 계약에 대한 짧은 묵상입니다. **두 번째 단계**는 마음의 눈으로 '성찬례의 여인'이신 우리의 여왕 성모 마리아를 바라보며 향유하기 위해 종합적으로 관상하는 깃입니다. **세 번째 단계**는 개인적 삶과 교회 공동체적 삶에 도움이 될 몇 가지 사목적 결론을 이끌어 내는 것입니다.

1. 성찬례의 교회적, 혼인적 차원

성찬례와 교회, 계약의 신비. 저는 '계약'이란 말과 함께 성찬례의 교회적, 혼인적 차원을 강조하고자 합니다. 성체는 세상에 생명을 선사하기 위해 봉헌된 살아 있는 빵이자 모든 이의 죄를 용서하기 위해 흘린 계약의 피입니다. 그러므로 성찬례가 지닌 무상적 선물의 차원과 보편적 선교의 역동성[5]을 마음에 새기면서 계약의 신비에 머물기로 합시다.

그 무엇도, 그 누구도 깨트릴 수 없는 계약

"무엇이 우리를 그리스도의 사랑에서 갈라놓을 수 있겠습니까?"(로마 8,35)[6] 성찬례 안에서 우리의 마음을 움직이는 첫 번째 사실은, 주님이 최후의 만찬에서 말씀하신 그것이 '새롭고도 영원한' 계약이라는 점입니다. 이 점은 화해를 주제로 한 성찬례 기도문에 잘 드러나 있습니다. "우리 인간은 수없이 당신의 계약을 깨트렸지만, 당신께서는 저희를 저버리지 않으시고 당신 아드님이자 우리의 주님이신 예수 그리스도를 통해서 인류 가족 전체와 지극히 견고한 계약을 새롭게 맺으셨습니다. 이제 그 무엇도 이 계약을 깨트릴 수 없습니다."

하느님께서는 오랜 세월에 걸쳐 이스라엘 백성의 마음속에 그 무엇도, 그 누구도 깨트릴 수 없는 계약에 대한 열망을 심어 주셨습니다.[7] 예수님께서는 바로 이 열망을 채워 주시고 완성하셨습니다. 그럼으로써 계약이 파기되지 않도록 하셨습니다.

이렇듯 수난 전에 성찬례 제정을 통해 계약이 공고해져 가는 과정에서 예수님은 핵심적인 역할을 하셨습니다. 예수님께서는 **최후의 만찬에서 당신을 봉헌하심으로써** 계약이 파기되던 그 순간과 장소(유다가 당신을 배반하던 순간)를 새로운 계약이 영원히 체결된 카이로스, 곧 구원의 시간으로 바꾸셨습니다.

성찬례적 선취先取

이 신비를 묵상함에 있어 요한 바오로 2세 교황이 알려 주신 몇 가지 직관적 가르침을 참고하고자 합니다. 그 가르침은 우리에게 이 성체성사의 '선취'가 지닌 중요성을 알게 해 줍니다. 요한 바오로 2세 교황은 회칙 『교회는 성체성사로 산다』에서 자신이 드러내고자 했던 가장 커다란 열망은 다름 아닌 "성체성사의 경이로움"[8]이었다고 말씀하였습니다. 예수님께서 당신 수난에 앞서 성체성사를 제정하신 것은 참으로 경이롭습니다.

요한 바오로 2세 교황이 말씀하셨듯이, "영혼의 눈으로" 함께 몇몇 구절을 읽어 보기로 합시다. "교회는 파스카 신비에서 태어났습니다. 바로 그러한 까닭에 파스카 신비의 뛰어난 성사인 성체성사는 교회생활의 **중심**에 서 있습니다. 이는 이미 사도행전에 나오는 초기 교회의 모습에서도 분명히 드러납니다. …… 2000년이 지난 지금도 우리는 교회의 이러한 **첫 모습**을 끊임없이 재현하고 있습니다. 성찬례를 거행할 때마다 우리의 생각은 파스카 성삼일로, 곧 성목요일 **저녁**의 사건들, 최후의 만찬과 **그 이후**의 일들로 되돌아갑니다.

성체성사의 제정은 겟세마니 동산의 고뇌를 시작으로 일어나게 될 사건들을 성사적으로 **앞당깁니다**. 다시 한번 우리는, 다락방을 떠나 제자들과 함께 키드론 골짜기로 내려가시어 올리브 동산으로 가시는 예수님을 봅니다. 지금도 그 동산에는 매우 오래된 올리브 나무들이 있습니다. 이미 이 나무들은 그날 그리스도께서 고통 중에 기도하시며 '핏방울 같은 땀이 뚝뚝 흘러 땅에 떨어졌을 때'(루카 22,44) 그 나무 그늘 밑에서 일어났던 일들을 목격하였을 것입니다. 그리스도께서 바로 전에 성체성사를 통하여 교회에 구원의 음료로 주신 그 피가 흐르기 시작하였습니다. 그러한 피 흘림은 해골산에서 우리 구원의 도구가 됨으로써 완성될 것입니다."[9]

그리고 조금 뒤에서 요한 바오로 2세 교황은 이 회칙의 제목이 어디서 유래했는지 전해 줍니다. "사제가 '신앙의 신비여!'라고 말하면, 신자들은 '주님께서 오실 때까지 주님의 죽음을 전하며 부활을 선포하나이다.'라고 응답합니다. 이러한 말들로 교회는 그리스도의 수난의 신비를 나타내기도 하지만, **교회 자신의 신비**, 곧 교회는 성체성사에서 나왔음을 드러내기도 합니다."[10]

이어서 요한 바오로 2세 교황은 교회의 삶(선물이자 과제로서)에서 가장 핵심이 되는 성찬례가 담고 있는 시간적, 공간적인 세 가지 특징을 제시합니다. "교회는 오순절에 성령을 받음으로써 태어나 세상의 길을 걷기 시작하였지만, 교회 형성의 결정적인 계기는 분명히 다락방의 성체성사 제정이었습니다. 교회의 토대와 근원은 파스카 성삼일 전체이지만, 이것이 **이른바 영**

원히 통합되고 선취되고 집약되는 것은 성체성사 안에서입니다. 이렇게 예수 그리스도께서는 당신 교회에 성체성사를 주심으로써 교회에 파스카 신비가 영원히 현존하도록 하셨습니다. 이로써 주님께서는 성삼일과 세기의 흐름 사이에서 신비로운 **'시간의 단일성'**을 이루셨습니다."[11]

요한 바오로 2세 교황은 이 사건이 지닌 '구원적 능력'(여기에 모든 역사, 곧 세상의 모든 삶이 연관됩니다)에 대한 놀라움으로 말씀을 끝맺었습니다. "이러한 생각을 할 때면 우리는 깊은 놀라움과 감사의 마음을 가지게 됩니다. 파스카 사건과 수세기 동안 그 신비를 현존시켜 온 성체성사에는 구원의 은총을 받은 **역사상의 모든 이를 끌어안는** 참으로 엄청난 '능력'이 있습니다."[12]

모든 사랑이 집약된 성체

요한 바오로 2세 교황의 직관은 아주 독창적이며 깊이가 있습니다. 그렇다면 어떻게 그것을 축소시키지 않고 잘 활용할 수 있을까요? 저는 교육적 측면에서 접근해 보고 싶습니다. 예수님께서는 제자들의 발을 씻어 주시면서 교육적 의도를 담아 이렇게 말씀하셨습니다. "너희가 나를 '스승님', 또 '주님' 하고 부르는데, 그렇게 하는 것이 옳다. 나는 사실 그러하다. …… 내가 너희에게 한 것처럼 너희도 하라고, 내가 본을 보여 준 것이다."(요한 13,13-15) 그러므로 우리는 다음과 같이 질문할 수 있습니다. '이렇듯 성체성사 안에 영원히 통합되고 선취되고 집약된 파스카 사건은 어떤 교육적 가치를 담고 있습니까?' 저는 주님께서 의도하신 바가 제자들로 하여금 당신이 주실 선물을 받아들일 수 있도록 준비시키는 것이었다고 감히 말씀드리고 싶습니다. 다시 말해, 예수님께서는 개인적이고 교회적인 차원에서 제자들의 마음을 준비시키고자 하셨습니다.

주님께서는 최후의 만찬에 당신의 벗들을 **포함시키고** 당신의 모든 사랑을 성체 안에 **집약하는** 가운데 당신의 봉헌을 **선취하셨습니다**. 이를 통해 예수님께서는 당신이 받을 수난을 미리 알고 계셨고, 제자들 역시 미리 이 구원적 희생에 동참함으로써 장차 받게 될 것을 미리 앞당겨 받았음을 깨닫기 바라셨습니다.

계약에 대한 주님의 열망, 십자가 위에서 남김없이 당신을 내어 주신 사건은 제자들과는 전혀 상관없이 고립된 상태로 종결된 사건이 아닙니다. 그것은 무엇보다도 그분을 관상하면서 만나게 되는 사람들(성모님, 요한, 거룩한 여인들)에게만이 아니라, 그 후 교회 안에서 그분이 하셨던 말씀을 기억하는 가운데, 특히 그분이 최후 만찬에서 당신의 몸과 피를 내어 주신 사실을 기억하는 가운데 드러납니다. 만일 그렇지 않았다면, 그분의 성찬례적 봉헌은 우리의 기억에서 멀어졌을 것입니다. 그리고 그것은 총체적이지만 하느님의 일방적인 행위였을 것이며, 결국 인간은 그분을 받아들이지 못했을 것입니다. 그리고 새 포도주가 새 부대를 찢어버리고 말았을 겁니다.

그러나 그렇게 되지 않았습니다. 예수님께서 십자가 위에서 당신 자신을 온전히 내어 주신 행위는 이미 그분을 받아들이고 성찬례를 통해 그분의 사랑을 맛본 사람들의 마음인 새 부대 안에 담겼습니다. 이에 대해 저는 이렇게 표현하고 싶습니다. 이 성찬례는 우리 능력에 적절히 비례해서 그분의 수난을 밀도 있게 담아냈습니다. 따라서 예수님이 겪으신 모든 수난은 성찬례를 통해 구원적으로 관상될 수 있습니다. 그렇게 수난을 관상한 사람들은 이미 주님의 수난 안에 잠재해 있는 구원적 사랑과 친교 속에 잠겨 있기 때문입니다.

 이러한 맥락에서 주님께서 제자들의 발을 씻어 주신 사건은 주님께서 십자가 위에서 구원의 피를 흘리실 것을 균형잡는다는 의미로, 작은 것을 정화하신 행위로 볼 수 있습니다. 작은 것과 큰 것, 일상적인 것과 특별한 것 사이의 긴장은, 그에 대한 이해를 지나치게 특별한 것으로 여겨 도피하거나, 지극히 평범한 것으로 희석시키지 않으면서 주님의 사랑을 밀도 있게 담아낼 뿐만 아니라 우리의 신앙을 미리 준비시켜 줍니다.

 혼인성사 예식에서도 이와 아주 비슷한 점을 발견하게 됩니다. 혼인성사 예식에 따라, 혼인을 하는 당사자들은 결혼 생활을 통해 일어나게 될 모든 일(건강, 질병, 성공, 역경 등)을 끌어안으면서—곧, '예'라고 대답함으로써 그 모든 것을 선취하고 집약하게 됩니다—자신을 내어 주고 서로에게 충실할 것을 약속합니다. 결혼 당사자들은 자신의 사랑을 상대에게 전하고, 나아가 이미 성찬례를 통해 자신을 내어 주신 그리스도를 본받아 이 계약 관계를 모든 이에게로 확장시켜 갑니다.

새 부대

하느님은 선물이십니다. 주님께서는 당신 자신을 내어 주시기 위해 당신을 받아들이게 될 사람을 그 선물에 합당하게 준비시켜 주십니다. 이는 그가 새로운 부대가 됨으로써 선물을 받게 될 때 찢어지지 않게 하기 위함입니다. 그는 하느님께서 선사하시는 은총에 합당하게 자유로이 응답하고 받아들임으로써 그에 상응하는 은총의 열매를 얻게 됩니다. 이렇듯 '선물을 받는 이'에 대한 보다 깊은 이해를 바탕으로 '성찬례와 교회 사이의 계약의 신비'에 대해 깊이 묵상해 보기로 합시다.

무엇보다 다음 구절에 주목해 봅시다. **우리는 성찬례에서 우리가 받아 먹는 그 빵으로 변화됩니다.** 이에 대해 제2차 바티칸 공의회의 교회에 관한 교의 헌장인 「인류의 빛」은 성 대 레오 교황의 말씀을 인용하면서 이렇게 말합니다. "그리스도의 몸과 피를 나누어 받는다는 것은 다름이 아니라 바로 우리가 받아 모시는 그것으로 우리가 변화되는 것입니다."[13]

주님은 비록 우리에게 맞춰 오시지만 우리가 그리스도의 몸을 받아 먹을 때 결코 축소되지 않으십니다. 성찬례의 기적은

'흙으로 빚어진' 인간이 성체를 받아 모심으로써 '보물'이 되어 간다는 데 있습니다. 이는 본성상의 이치와 반대되는 현상입니다.

우리는 성체를 받아 모심으로써 그리스도를 닮아갑니다. 그러므로 주님께서는 당신 자신을 생명의 빵으로 내어 주심으로써 교회를 이루어 가십니다. 주님은 성체를 통해-모든 양분 공급 과정에서 확인되듯 신비스럽고 내밀한 동화 과정을 통해-교회를 당신 몸으로 변화시켜 주십니다. 이 과정은 교회의 자유로운 응답에 달려 있습니다. 교회는 자신의 신랑께서 선사하시는 계약에 대한 믿음에 뿌리를 두고 있습니다. 신랑께서는 교회를 당신의 신부로 변화시켜 주십니다.

2. 성찬례의 여인이신 마리아의 모습

이 계약의 신비를 보다 잘 관상하려면 성모 마리아를 유심히 바라보아야 합니다. 이에 대한 요한 바오로 2세 교황의 말씀은 다시 한번 우리를 도와줍니다. 그분은 우리를 '성찬례의 여인이신 성모님의 학교'로 들어가도록 초대합니다.

"우리가 **교회와 성체성사의 깊고 풍요로운 관계**를 재발견하고자 한다면, 교회의 어머니이시며 모범이신 성모님을 소홀히 여길 수 없습니다. …… 성모님께서는 이 지극히 거룩한 성사와 깊은 관계를 맺고 계시기 때문에 우리를 이 거룩한 성사로 이끄실 수 있습니다."[14]

러시아 인형들은 큰 인형 안에 다른 작은 인형들을 담고 있습니다. 그러나 그 작은 인형들 역시 근본적으로는 큰 인형과 같습니다. 마찬가지로 우리는 주님의 '가장 작은 인형', 곧 성모님에게 가야 합니다. 그래서 그분 안에 담겨 있는 것이 무엇인지, 그리고 그분 안에 있는 것─세상의 생명을 위해 하느님의 선물이 받아들여지고 소통되게 하는 계약의 신비─이 어떻게 보편 교회와 각 개별 영혼 안에서 실현되고 있는지 살펴봐야 할 것입니다.

그러므로 다양한 차원에서 다음과 같은 교부들의 가르침을 따를 수 있기를 바랍니다. "교회에 대해 보편적으로 말씀하시며, 성모님에 대해서는 특별한 방식으로 말씀하시고, 각 신자들에 대해 개별적으로 말씀하신다."[15]

우리는 성모님과 성찬례의 관계를 통해 우리에게 계약의 특징을 전해 주는 세 가지 비유를 관상하게 됩니다. 우리는 이를 보편 교회와 개별적으로는 우리 영혼에게 적용할 수 있습니다.

동반으로서의 계약

성모님에 대한 첫 번째 성찬례적 비유는 교회 안에 '담겨' 있습니다. 성모님은 작고 겸손한 모습 안에 교회를 담고 계십니다. 요한 바오로 2세 교황은 성모님이 첫 공동체의 성찬례에 참여하셨음을 주목하도록 우리를 초대합니다. "우리는 예수님께서 승천하신 뒤 성령의 강림을 기다리는 첫 공동체에서 '한마음으로'(사도 1,14) 기도하던 사도들 가운데 성모님께서 계셨음을 알고 있습니다. 성모님께서는 '빵을 떼어 나누고 기도하는 일에 전념한'(사도 2,42) 초대 그리스도인들의 성찬례 거행에 분명히 함께 계셨습니다."[16]

제자들의 공동체는 성모님과 '함께하는 가운데' 한마음으로 기도에 전념했습니다. "성안에 들어간 그들은 자기들이 묵고 있던 위층 방으로 올라갔다. 그들은 베드로와 요한과 야고보와 안드레아, 필립보와 토마스, 바르톨로메오와 마태오, 알패오의 아들 야고보와 열혈당원 시몬과 야고보의 아들 유다였다. 그들은 모두, 여러 여자와 예수님의 어머니 **마리아**와 그분의 형제들과 **함께** 한마음으로 기도에 전념하였다."(사도 1,13-14)

하느님과 인간 사이의 계약의 신비는 '동반'의 신비이자 빵을 함께 나누는 신비이며 가족과 함께 둘러 앉은 식탁에서 더 나아가 이웃으로까지 확장되는 신비입니다. 이런 동반은 주님의 가르침에서 잘 드러납니다. 주님께서는 엠마오로 가던 제자들의 여정에 함께하시면서 한 사람 한 사람을 변화시키십니다.

신뢰로서의 계약

성모님에 대한 두 번째 성찬례적 비유는 신랑을 온전히 신뢰하는 신부입니다. 요한 바오로 2세 교황은 성모님이 '성찬례에 대한 내적 확신의 태도'로 일생을 사셨음을 강조한 바 있습니다.[17] 그 태도는 '하느님의 말씀에 온전히 의탁하는 것'이었습니다.[18] 성모님은 "예!"라는 응답 안에 하느님의 말씀과 관련된 모든 '행함'을 담아 놓으셨습니다. 의탁은 자신 안에서 하느님께서 원하시는 바를 이루시도록 맡겨 드리는 것을 말합니다. 이는 하느님으로부터 은총의 선물을 받기 위해 준비하는 사람이 지녀야 하는 합당한 태도이며, "보십시오, 저는 주님의 종입니다. 말씀하신 대로 저에게 이루어지기를 바랍니다."라는 성모님의 응답 속에 담겨 있는 태도이기도 합니다.

또한 의탁은 아무 계산 없이 다른 사람들에게 자신을 무한정 내어 주는 사람이 지닌 '행함'이며, "무엇이든지 그가 시키는 대로 하여라."라는 성모님의 말씀에 담겨 있는 태도를 말합니다. 교회와 우리 각자에게 이 "성찬례를 통하여 그리스도의 죽음을 기념하는 것은 **이러한 은혜를 지속적으로 받고 있음을 의미**하기도 합니다. 그것은, 요한처럼, 우리의 어머니로 새롭게 우리에게 맡겨지신 분을 받아들임을 의미합니다. 그것은 또한 우리 자신이 주님의 어머니이신 성모님의 학교에 들어가 그분을 우리의 동반자가 되게 함으로써 **그리스도께 동화되려고 노력함을 의미함**

니다."[19]

완전한 신뢰와 믿음에 바탕을 둔 순명은 하느님의 말씀이 강생하고 그 말씀이 성모님을 충만히 변화시키도록, 성모님의 마음을 완전하게 준비시켜 주었습니다.

희망으로서의 계약

성모님에 대한 세 번째 성찬례적 비유는 계약으로서의 가장 독특한 모습을 우리에게 보여 줍니다. 그것은 희망 속에서 약속된 것을 미리 앞당겨 사는 것을 말합니다. 요한 바오로 2세 교황은 '선취'의 신비에 대해 이렇게 말씀하였습니다. "성모님은 날마다 해골산을 준비하면서 일종의 **'선취된 성찬례'**를 경험하셨습니다. 이는 다시 말하면 당신 아드님의 수난과 일치함으로써 절정에 달하고 부활 뒤에 사도들이 주님의 수난을 기억하며 거행한 성찬례에 참예함으로써 드러나게 될 **갈망**과 **봉헌**의 '영적 친교'라고 할 수 있습니다."[20]

갈망과 봉헌은 교회와 우리 신자들이 '새 부대'로 변화되는 과정에서 성찬례를 앞당겨 살게 해 주는 삶의 자세입니다. 우리는 이 갈망과 봉헌을 통해 성모님처럼 하느님의 말씀이 우리 안에서 강생하도록 준비할 수 있습니다. 성모님과 교회 그리고 각자의 영혼 안에 겸손하고도 내밀하게 현존하시는 주님은 세상에 빛과 희망을 비춰 주십니다.

요한 바오로 2세 교황은 성모님의 방문을 다음과 같이 훌륭하게 묘사합니다. "'행복하십니다, 주님께서 하신 말씀이 이루어지리라고 믿으신 분!'(루카 1,45) 성모님께서는 또한 강생의 신비로써 교회의 성체성사 신앙을 **선취하셨습니다**. 엘리사벳을 방문하셨을 때 성모님께서는 이미 사람이 되신 말씀을 잉태하고 계셨으므로, 어떤 의미에서, 하느님의 아드님께서 현존하신 역사상 최초의 '감실'이 되셨습니다. 성모님의 태중에서 예수님께서는 아직 우리 인간의 눈에는 보이지 않으시나, 말하자면 **성모님의 눈과 목소리를 통하여 당신의 빛을 비추심으로써** 엘리사벳의 흠숭을 받으셨습니다."[21]

그러므로 성모님은 주님과 그분의 신부이신 교회, 하느님과 각 사람 사이에 실현된 계약의 모델이 되십니다. 성모님은 사랑의 동반자로서 하느님께 당신을 의탁함으로써 풍요로워지셨고 기쁨이 샘솟는 희망이 되셨습니다. 이 모든 덕행은 성모의 노래 Magnificat를 통해 찬미가가 됩니다.

요한 바오로 2세 교황은 이 성모의 노래를 통해 성찬례에 대한 아름다운 희망을 선사하고 있습니다. "마지막으로 성모의 노래는 성체성사의 **종말론적 긴장**을 반영합니다. 하느님의 아드님께서 빵과 포도주라는 '보잘것없는' 성사적 표징으로 우리에게 다시 오실 때마다, '권세 있는 자들을 그 자리에서 내치시고 보잘것없는 이들을 높이신'(루카 1,52 참조) 새로운 역사의 씨앗이 세상에 뿌리를 내립니다. 성모님께서는 '새 하늘'과 '새 땅'을 노래하십니다. '새 하늘'과 '새 땅'은 성찬례 안에 이미 이루어져 있으며, 어떤 의미에서는 **계획되어 있고 예정되어 있습니다**. 성모의 노래는 성모님의 영성을 드러내며, 성체성사의 신비를 체험하도록 도와주는 데에 이보다 더 탁월한 것은 없습니다. 성체성사는 우리의 삶이 성모님의 삶처럼 완전한 찬미와 감사의 노래가 되도록 우리에게 주어졌습니다."[22]

요한 바오로 2세 교황은 우리를 '성찬례의 여인이신 성모님의 학교'로 초대하십니다. 또한 이 성모의 노래 안에 이 학교의 '목적'과 '프로그램'이 어떻게 담겨 있는지 보여 줍니다. 성모의 노래는 성찬례를 미리 앞당겨 전하고 있습니다. 이는 기쁨에 가득 찬 새로운 소식입니다. 성모의 노래는 영광과 감사의 노래입니다. 그러므로 우리도 이 노래를 통해 성모님과 더불어 역사를 위한 '하느님의 프로그램'인 그분의 구원 계획을 미리 경험하게 됩니다. 그럼으로써 그 계획을 기쁨 가운데 다가올 미래를 위한 예언적 현존으로 경험하고 살아낼 수 있습니다. 그래서 요한 바오로 2세 교황은, 성찬례는 '성모님의 가난함' 안에서 앞당겨 새로운 역사를 이룬다고 말씀하셨습니다.

베네딕토 16세 교황도 희망을 주제로 한 당신의 회칙에서 바로 이 점을 심도 있게 표현하셨습니다. 베네딕토 16세 교황은 그리스도교적 희망이야말로 우리의 현재에 본질적 그 무엇[23]을 '선사해 준다.'고 하셨습니다. 그리고 그 희망은 미래가 아니라 현재 우리의 삶을 '실천적으로 이끌며' 앞당겨 구원을 살게 해 준다고 말씀하셨습니다. "미래가 확실한 실재라는 확신이 서야지만 현재도 살 수 있는 법입니다. 그래서 우리는 그리스도교가 단지 지금까지 알려지지 않은 것을 전하는 정보 전달 차원의 '기쁜 소식'만은 아니라고 말할 수 있는 것입니다. 현대어로 표현한다면 그리스도교의 소식은 '정보 전달적informativus'인 것만이 아니라 '실천적performativus'인 것이라고 할 수 있습니다. 이는 복음이 새로운 것을 전하는 것만이 아니라 행동을 촉구하고 삶을 변화시키는 것이라는 의미입니다.[24] 어두웠던 시간의 문, 암울했던 미래의 문이 활짝 열리게 된 것입니다. 희망을 가진 이는 다른 삶을 살게 됩니다. 희망하는 이는 새 생명의 선물을 받습니다."[25]

성모님은 성찬례가 성사적인 가난함 속에서 이룬 것을 마니피캇을 통해 노래하셨습니다. 교회와 우리는 모두 이 노래를 부름으로써 우리의 여왕이신 성모님과 함께 살고, 나아가 성령 안에서 이루어지는 삶인 그분의 영성을 살 수 있게 됩니다. "교회의 생활과 사명의 원천이며 정점인 성찬례는 영성으로, 곧 '성령에 따라'(참조: 로마 8,4 이하; 갈라 5,16.25) 사는 삶으로 옮아 가야 합니다."[26]

이제 요한 바오로 2세 교황이 원죄 없으신 동정 마리아 교리 선포 150주년을 기념하며 하신 말씀을 인용하면서 제 강론을 끝맺기로 하겠습니다. 교황은 성모님을 '교회의 종말론적 표상'으로, 또 하느님께서 인류 전체와 맺고자 하시는 계약에 대해 처음으로 "예!"라고 선언하신 분으로 소개합니다. 그래서 성모님을 천상을 향한 여정에서 하느님 백성에 **앞서 가시는** 분으로 소개한 것입니다. 교회는 바로 그분 안에서 '미리 앞당겨' 자신의 구원을 봅니다.

"당신 아드님에 의해 구원되신 첫 번째 사람인 성모님은 그분의 거룩하심에 온전히 참여하십니다. 그러므로 성모님은 이미 전 교회가 열망하고 희망하는 분이십니다. 성모님은 교회의 종말론적 표상입니다. 그래서 '교회의 시작이자 모상이며 그리스도의 신부로 젊음과 청순한 아름다움으로 충만한'(본기도) 원죄 없으신 성모님은 천상 왕국을 향한 믿음의 순례 길에서 언제나 하느님 백성에 앞서 가십니다."[27]

교회는 성모님의 "원죄 없으신 잉태 사건을 통하여 파스카의 구원 은총이 가장 존귀하신 교회의 한 지체 안에서 계획되고 선취되었음을 봅니다. 그리고 무엇보다 교회는 강생 사건 안에서 그리스도와 성모님, 곧 교회의 주님이시며 머리이신 분과 신약에서 처음으로 '그대로 이루어지소서Fiat.' 하고 말씀"[28] 하심으로써 교회의 예표가 되신 분께 굳게 결합되어 있음을 봅니다.[29]

3. 구체적인 사목적 결과

개인적인 결과들

이러한 교황님의 가르침 안에서 우리는, 성모님을 통해 계약의 신비를 관상하면서 우리에게 성찬례와 교회가 지닌 풍부함이 계시되는 것을 볼 수 있습니다. 성모님을 통해 모든 것이 구체적이고 '가능한' 것으로 변화됐습니다. 형언할 수 없는 하느님의 신비는 성모님의 학교에서 모성적 모습과 색깔을 갖추게 됐으며, 우리가 성모님에게 고백하는 사랑 가득한 믿음을 통해 이해 가능한 것이 됐습니다.

여러분의 개인적 영성생활을 위한 결론으로 저는 성 이냐시오가 『영신수련』에서 말하였듯 영적으로 보다 더 맛있는 것들 중에서 삶을 위한 선택을 이끌어 내야 한다고 생각합니다. 우리는 성찬례와 성사적 친교를 성모님과 하나로 묶어 줌으로써 그 안에서 이루어지는 모든 이와의 관계를 심화시켜 나가야 합니다. 무엇보다 성모님이 말씀을 선사받으신 것처럼 성체를 모시며 그분께서 새롭게 내 안에서 육화하실 수 있도록 나를 내어 놓을 수 있는 은총을 청해야 합니다.

또한 우리의 손을 성반(곧, 구유처럼)으로 내어 드리고, 주님이 거기에 기대어 누우시도록 주님을 우리에게 맡겨 주신 분이 다름 아닌 성모님임을 알아야 합니다. 그러므로 성모님을 통해 교회의 손으로부터 성체를 받아 모실 수 있는 은총을 청해야 하겠습니다. 또한 영성체 중 침묵의 순간에 성모님과 함께 '성모의 노래'를 부를 수 있는 은총도 청해야 하겠습니다. 더 나아가 빵과 함께 우리에게 선물처럼 주어진 모든 좋은 것, 긍정적인 것뿐만 아니라, 주님의 포도주와 함께 우리에게 선사된 모든 고통, 수난과 더불어 우리 시대의 모든 것을 성찬례 안에서 미리 맛볼 수 있는 은총도 청해야 하겠습니다.

그리고 이미 성찬례 안에 담겨 있는 구원의 만물과 담보를 믿고 거기에 우리의 모든 희망과 사랑을 걸어야겠습니다. 그럼으로써 우리의 삶이 선물로 받은 주님의 모습을 닮아갈 수 있기를 바랍니다. 이렇게 해서 우리 각자는 성찬례에 대해 묵상한 것을 바탕으로 영적 유익을 끌어낼 수 있습니다.

교회적 차원의 결과들

지금까지의 묵상을 바탕으로 우리의 교회생활을 도와주는 몇 가지 결론을 이끌어 낼 수 있습니다. 우선 우리는 성모님에 대해 그리고 성찬례에 대해 '자연스레' 느끼는 애정과 존경의 마음을 교회에 대해서도 가져야 합니다. 성모님에 대한 존경과 교회에 대한 존경은 같아야 합니다. 앞서 살펴본 바와 같이 성모님과 교회는, 그 안에 '머물고자' 하신 분, 곧 그리스도에 의해 총체적으로 변모된 실재이자 그분을 '받아들인 이들'이기 때문입니다.

실제로 이 '새 부대들'은 주님의 육화와 강생을 받아들임으로써 보다 높은 차원의 실재로 충만히 변모됐습니다. 그러므로 하느님의 말씀이신 성자께서 성모님의 살을 취하심으로써 그 살을 온전히 거룩하게 하셨듯이, (더 나아가 성모님은 원죄 없이 잉태되심으로써 미리 앞서 성체를 거룩하게 하셨습니다) 주님과 맺은 계약과 더불어 교회는 온전히 거룩하고 더욱더 거룩하게 변화됩니다.

그러므로 그리스도인은 성모님을 성령의 정배이자 주님의 어머니로 바라보아야 하며, 교회 역시 온전히 거룩하고 정결하며 아무 흠 없는 실재로 바라보아야 합니다. 그리스도인은 교회를 그리스도의 몸이자 신앙의 유산을 온전히 간직한 그릇으로 그리고 아무런 흠도 없고 줄어듦도 없이 그리스도께서 맡겨 주신 모든 것을 전해 주는 충실한 성령의 신부로 보아야 합니다. 교회는 주님께서 우리에게 주고자 하셨던 충만한 생명을 성사를 통해 우리에게 전해 줍니다. 비록 주님의 자녀인 우리가 그분과 맺은 계약을 개인적 차원에서 파기한다 할지라도, 교회는 이 계약-이 계약은 세례를 통해 우리에게 영원히 선사됐습니다-을 완전하게 영속시켜 주는 공간임을 명심해야 합니다. 우리는 주님과 화해함으로써 이 계약을 회복할 수 있습니다.

온전히 가톨릭적(보편적 구체성)이라고 할 수 있는 이 총체적 전망, 곧 교회 안에 거하시며 계약을 흠 없이 유지시켜 주시는 주님으로부터 출발해서 교회의 질과 중요성을 재는 전망에서 이제 교회가 지닌 상황적이며 역사적이고 문화적인 측면들을 보다 더 좋게 하고 수정하거나 분명히 표현하려는 또 다른 전망들이 생겨납니다. 그러나 계약을 유지하는 사랑의 생명적 방향 안에서 모든 것을 의논하고 개선할 수 있는 혼인 생활에서처럼, 교회 안의 다양한 전망들도 언제나 결코 파기되지 않는 계약에 대한 사랑 안에서 유지됩니다.

그리스도께서 육(肉)이 되어 오셨음을 고백하는 것은 모든 인간이 그리스도 안에서 '구원되고' 거룩하게 됐음을 고백하는 것입니다. 그래서 주님은 성경에 기록된 대로 사흘 동안 죽음 속에 계시기를 원하셨고 더 나아가 하느님으로부터 가장 멀리 떨어진 곳, 인간이 하느님을 떠나 도달할 수 있는 한계점인 지옥까지 내려가고자 하셨습니다. 하느님의 모든 거룩함을 받아들여 충만하게 '성화되면서' 실재하는 교회는 예수 그리스도를 '보완하거나' '제도적 차원에서 그분께 첨부된 실재'가 아닙니다.

무엇보다도 교회는 그분의 강생과 삶 그리고 수난과 죽음, 나아가 부활에 온전하게 참여하는 실재입니다. 교회와 성모님이라고 하는 '새 부대'가 아니었다면, 영원하신 말씀은 이 세상에 육이 되어 오실 수 없었을 것이고, 우리에게 말씀으로 다가오실 수 없었을 것이며, 우리 역사 안에서 그분의 삶이 합당하게 받아들여질 수 없었을 것입니다.

우리가 하느님과 인류 사이에 맺어진 계약의 신비를 관상하기 위해 우선적으로 해야 할 일은 성모님처럼 교회를 '온전히 성화된 그리고 성화되고 있는 그릇'으로, 곧 세상에 생명을 주는 하느님의 선물이 솟아나는 그릇으로 관상하며, 이 교회의 신비를 우리 삶의 중심에 자리매김하는 것입니다. 요한 바오로 2세 교황은 제2차 바티칸 공의회 문헌을 인용하며 이 점을 지적한 바 있습니다.[30]

그러므로 교회와 성모님을 관상합시다. 그 중심에는 성체가 계십니다. 교회와 성모님은 성체로 말미암아 살며 우리로 하여금 성체에 힘입어 살게 합니다. 교회는 세상에 생명을 전해 주기 위해 모든 이에게 생명의 빵을 전해야 할 사명을 받았습니다. 그러므로 신랑이신 예수님으로부터 이 사명과 함께 생명의 빵을 선물로 받은 교회와 성모님을 관상합시다.

하느님께서는 성모님과 교회를 통해 인류와 계약을 맺으셨습니다. 그리고 인류는 어떤 부족함이나 흠도 없이 이 계약을 선물로 받았습니다. 신랑이신 그리스도께서는 마지막까지 자신의 모든 것을 내어 주심으로써 자신의 신부인 교회와 성모님을 온전히 거룩하게 하시고 정화하시며 믿음과 사랑 안에서 늘 새롭게 창조하십니다. 그러므로 지옥의 문도 교회와 성모님에게 대항해서 세력을 떨칠 수 없습니다.

교회에 거룩함을 **보장해 주는 것**은 개인적 또는 사회적 특권이 아닙니다. 그것은 무엇보다 봉사하고 섬기는 데서부터 옵니다. 교회는 언제나 자신의 완전함을 지키기 위해 방어해 왔습니다. 예전부터 그래 왔고 또 지금도 그렇듯이 교회 안에는 제도권의 힘을 악용하는 사람들이 있습니다(이는 정말이지 안타까운 일입니다. 왜냐하면 유한한 생명을 즐기기 위해 영원한 생명과 같은 지극한 은총을 축소시켜 버리기 때문입니다). 이는 교회가 언제나 자신의 권력을 방어하려 한다는 인상을 줍니다. 그러나 실제로는 그렇지 않습니다. 교회는 본질적으로 그리스도의 신부로서 순수하며 아무런 결함이 없습니다. 그리고 거룩함을 지켜 나가면서 세상에 생명을 전해 주는 하느님의 선물과 하느님을 향해 세상이 봉헌하는 생명이 담겨 있는 '공간'으로서 자기 자신을 지켜 갑니다.

이러한 선물-성체는 이 선물이 가장 온전하게 표현된 형태입니다-은 단순히 수많은 선물 가운데 하나가 아닙니다.[31] 그것은 세상이 생명을 갖게 해 주는 선물입니다. 그 선물은 이 세상을 위해 성자께서 당신 자신을 성부께 봉헌하심으로써 얻은 것입니다. 그 선물은 세상이 생명으로 충만하도록 선사된 삼위일체 하느님의 가장 내밀한 생명 전체를 말합니다.[32]

이에 대해 발타사르는 다음과 같이 말한 바 있습니다. "성부께서 창조의 모든 시간과 공간을 통해 당신 자신을 성자께 내어 드린 행위는 세 위격이 하느님의 관계성으로 표현되는, 다시 말해 사랑의 흐름 속에서 서로에게 자신을 선사하고 온전히 내어 놓는 삼위일체적 행위가 결정적으로 개방된 행위이다."[33]

섬김의 신비

우리에게 주어지는 하느님 선물의 가장 중요한 특징은 주님께서 교회를 흠 없이 보존하시고 성화하시는 힘입니다. 주님께서는 당신 어머니께도 그렇게 해 주셨습니다. 그러므로 이 선물이 '세상의 생명을 위해' 받아들여지고 전수되는 것은 분명합니다. 교회를 온전히 거룩하게 해 주는 계약의 신비는 섬김의 신비이자 생명의 신비입니다.

이러한 삼위일체적 생명은 모든 이에게 열려 있으며 단지 몇몇 사람을 위해서만 주어지지 않았습니다. '온 세상에 생명을 주기 위해서'라는 사실은 우리를 감탄하게 합니다. 비록 모든 사람이 그것을 알 수 없고 또 활용하지 못한다 할지라도 여전히 이 사실은 그대로 남습니다. 한 분이시며 동시에 세 분이신 하느님께서 당신을 선사하신 것은 모든 이를 위한 것입니다. 이는 삼위일체 하느님이 지니신 형언할 수 없는 신비로운 자유에서 오는 결실입니다.[34]

"새 계약의 백성은, 그리스도와 일치를 이룸으로써, 자신 안에 갇혀 있기보다는 인류를 위한 '성사'가 되고,[35] 그리스도께서 이루신 구원의 표징이며 도구가 되고, 모든 이의 구원을 위한 세상의 빛과 소금(마태 5,13-16 참조)이 됩니다.[36] 교회의 사명은 그리스도의 사명의 연장선에 있습니다. '아버지께서 나를 보내신 것처럼 나도 너희를 보낸다.'(요한 20,21) 교회는 십자가의 영원한 희생 제사에서, 그리고 성찬례를 통하여 그리스도의 몸과 피에 결합됨으로써 자신의 사명을 수행할 영적인 힘을 얻습니다. 그러므로 성찬례는 모든 복음화의 원천이며 정점입니다. 성찬례는 인류가 그리스도와, 또 그리스도를 통하여 성부와 성령과 친교를 이루게 하는 데에 목적이 있기 때문입니다."[37]

퀘벡, 2008년 6월 18일

도유됨은 이웃을 위해
힘을 다하는 것입니다

이사 61,1-9; 시편 88,21-27; 묵시 1,5-8; 루카 4,16-21

도유 가운데 머묾

우리가 방금 기도한 시편 88편은 도유의 '영원성'에 대해 전해 주고 있습니다. "나의 종 다윗을 찾아내어 그에게 나의 거룩한 기름을 부었노라. 내 손이 그를 붙잡아 주고 내 팔도 그를 굳세게 하리라." 주님의 도유는 우리가 사제로 살아가는 동안 늘 '우리와 함께하시는 그분의 충실하심과 사랑'입니다. 도유가 지닌 이런 영속적 특징을 가장 잘 표현한 분은 아마도 사도 요한이 아닐까 싶습니다. "여러분은 그분에게서 기름부음을 받았고 지금도 그 상태를 보존하고 있으므로, 누가 여러분을 가르칠 필요

가 없습니다."(1요한 2,27)

우리 안에서 영원히 지속되는 도유는 우리에게 고유한 모습을 각인시켜 줍니다. 그것은 우리가 그 안에 머물게 된다는 것입니다. "그분께서 기름부으심으로 여러분에게 모든 것을 가르치십니다. 기름부음은 진실하고 거짓이 없습니다. 여러분은 **그 가르침대로 그분 안에 머무르십시오.**"(1요한 2,27) **도유 안에 머무는 것**, 그것은 우리가 어떻게 예수님과의 우정 안에 머물 수 있는지에 대해 내적으로 가르쳐 줍니다.

그러면 우리는 이렇게 질문을 던질 수 있습니다. 무엇이 우리가 도유 안에 머물 수 있도록 도와주는가? 어떻게 하면 도유에 간직된 기쁨을 **체험할 수 있고**, 도유가 우리가 짊어지고 있는 십자가를 감미롭고 가볍게 해 주며 우리에게 힘을 불어넣어 준다는 사실을 **느낄 수 있을까?** 어떻게 하면 그 도유를 유혹에 맞선 방패로 삼고, 상처를 치유하는 발삼 향처럼 **살아낼 수 있을까?** 무엇이, 그 도유가 지닌 힘이 약해지지 않도록, 짠 맛을 잃어버리지 않도록, 그리고 끊임없이 열정을 유지할 수 있도록 도와주는가? 어떻게 하면 우리의 활동이 좋은 결실을 맺고, 도유 안에 머물지 못하게 방해하는 활동을 멀리할 수 있을까? 이에 대한 대답을 사도 요한이 자신의 서간을 비롯해 성경의 여러 부분에서 우리에게 전해 주고 있습니다. "그분 안에 머무른다고 말하는 사람은 자기도 그리스도께서 살아가신 것처럼 그렇게 살아가야 합니다."(1요한 2,6)

그러므로 도유 안에 머문다는 것은 그저 아름다운 모습만을 유지하는 것이 아닙니다. 그것은 '걷는 것', 특히 사도 요한이 말하는 '걷는 것'을 의미합니다. 그것은 복음서에 등장하는 중풍 병자들이 예수님께 치유받은 후 걸어간 것을 말합니다. 그들은 단숨에 일어나서 들것을 가지고 걸어갔고 마침내 주님을 따르기 시작했습니다. 그것은 예수님을 향해 물 위를 걸었던 베드로의 걸음이기도 했습니다. 이는 "모든 확실함을 포기하고 오직 은총을 통해서만 이를 수 있는 분을 만나기 위해 나아가는 사람"(폰 발타사르), 곧 믿음 가운데 걷는 사람을 상징합니다. 그러므로 도유 가운데 머물기 위해서는 **그리스도께서 걸으셨던 것처럼 걸어야 합니다. 그분처럼 걸어야 합니다.**

'여정'과 '행함'

성령의 도유는 '이 세상에서 선을 베풀며 지나가셨던' 주님 위에 머물렀습니다. 주님은 언제든 성부를 필요로 하는 사람들에게 그분의 자비를 베푸셨고, 십자가 위에서 당신 성심이 관통되기까지 당신 자신을 온전히 내어 놓으셨습니다. 그렇게 파스카를 완성하시기까지 주님께서는 성령의 도유 안에 머무셨습니다. 성령의 도유 안에 머문다는 것은 선을 베풀며 산다는 것을 말합니다. 선은 가질 수 있는 것이 아닙니다. 그것은 마리아가 주님께 발라 드린 순 나르드 향처럼 퍼져 나갑니다.

그러나 바로 그 때문에 유다는 분노했습니다. 그는 성령의 도유를 잃고 말았습니다. 그래서 집 안에 퍼져 가던 향기를 맡지 못했습니다. 성령의 도유를 잃어버렸을 때, 사람들은 그로 말미암아 생기는 공허감을 흔히 돈으로 채우려 합니다. 이런 면에서 우리는 교회 내의 수많은 제도와 사람들이 견지하는 자기중심적 태도에 대해 생각해 봐야 합니다. 여러분은 과연 성령의 도유 안에 잘 머물고 있습니까? 광야에서 이스라엘 백성은 도유에 머무는 데 지치자 금송아지를 만들었습니다(탈출 32,1-6).

도유에 머무는 것은 '여정'과 '행함' 속에서 규정됩니다. 행함은 실제 이루어지는 것일 뿐만 아니라 예수님의 방식에 참여하고자 열망하고 추구하는 것을 말합니다. 그것은 '그리스도를 위해 모든 이에게 모든 것이 되는 것'을 의미합니다. 그것은 또한 도유에 참여하는 것이기도 합니다. 주님께서 받으신 도유는 그분의 성심을 온유하고 겸손하게 해 주었습니다. 그러므로 도유에 참여하는 것은 참여하는 이를 기쁨으로 가득 차게 해 줍니다. 그래서 예수님께서도 성부께서 모든 선을 베푸시고 작고 겸손한 이들에게 당신의 일을 계시하시는 것을 보면서 기뻐하셨습니다.

그러므로 그분의 도유에 참여하는 것은 수난받으신 주님을 위로해 드림으로써 그분의 상처가 사랑의 묘약으로 치유되게 해 줍니다. 또 이 도유에 참여하는 것은 부활의 기쁨이라는 기름과 함께 우리의 벗들을 위로하는 소임에 온 힘을 다하는 것입니다.

우리는 진리를 선포하고 지키는 가운데 성령에 의해 도유되신 분의 방식을 가장 깊이 관상할 수 있습니다. 여기서 주님이 우리를 가르치기 위해 가지셨던 **인내**가 두드러지게 드러납니다. 예수님께서는 인내로이 사람들을 가르치셨습니다(복음사가 들은 예수님께서 사람들을 어떤 방식으로 가르치시고 어떻게 그들과 대화하셨는지 잘 설명해 주고 있습니다). 특히 그분은 제자들을 인내로 대하셨습니다(예수님은 그들과 함께 계실 적에 여러 비유가 지닌 의미를 따로 설명해 주셨습니다. 또한 주님은 당신이 어떤 분인지 알려 주시며 그들로 하여금 당신을 믿고 고백하도록 초대하셨습니다. 그리고 당신의 십자가 사건을 감당할 수 있도록, 그래서 훗날 형언할 수 없는 부활의 큰 기쁨 속에서 그것을 알아들을 수 있도록 잘 준비시키셨습니다).

제자들을 가르치기 위한 이러한 도유가 예수님에게서 가장 아름답게 드러나는 때는 엠마오로 향하던 여정에서였습니다. 당시 두 제자는 계속해서 예수님께 이야기했고 그분은 그들의 말을 인내로이 경청하셨습니다. 그 과정에서 예수님은 그들로 하여금 **당신과 함께 동반하며 걷는 것**이 얼마나 좋은지 깊이 느끼고 맛들이게 하셨습니다. 이에 제자들은 예수님과 함께 걷는 내내 그분이 떠나시는 걸 원치 않았을 뿐만 아니라 자신들과 함께 지내시도록 그분을 초대하게 됩니다. 그때서야 비로소 "그들의 눈은 열렸습니다." 그들은 예수님이 빵을 쪼개실 때 그분이 누구신지 알아보았습니다. 주님은 도유와 더불어 빵을 쪼개고 나누셨습니다. 이러한 도유는 성찬례를 거행하면서 교회의 기억 안에 새겨졌으며 우리 사제는 이 기억에 참여합니다.

우리는 빵을 축성하면서 교회가 바치는 공통 기도문에 우리 마음의 가장 깊은 부분을 둡니다. 또한 함께 빵을 축성하는 다른 사제를 통해 통교되는 은총은 여러분으로 하여금 주님의 도유를 더 깊이 느끼게 해 주리라 생각합니다. 그러므로 우리는 함께 그분의 도유에 머물러야 하겠습니다. 그리고 주님의 말씀을 귀 기울여 들어야 하겠습니다.

지금은 주님의 말씀에 담겨 있는 예리함과 재치를 잠시 한편에 놓아두고 그분께서 비유를 통해 우리에게 주시고자 했던 모든 일상의 가르침을 끄집어내기로 합시다. 그리고 주님께서 당신을 반대하던 사람들이 저지른 잘못과 계략을 넘어서기 위해 어떻게 당신의 도유를 활용하셨는지 살펴보기로 합시다. 주님은 결코 그들에게 말씀하지 않으셨습니다. 이러한 침묵은 상당히 역설적인 모습을 보여 줍니다. 악마와 대화하지 않는 예수님, 율법 학자와 바리사이들과의 대화에서 주도권을 쥐고 계신 예수님, 세도가들 앞에서 지키신 침묵, 병자를 돌봐 주시던 모습……, 이 모든 것은 성령으로 도유되신 분께서 어떻게 사셨는지 잘 보여 줍니다. 그리고 우리를 그분의 그런 모습을 닮도록 초대하고 있습니다.

자기 통제라고 하는 이 모습은, 겸손한 사람들의 마음 깊은 곳에 뿌려진 좋은 말씀이 간직된 모습으로서, 완고한 인상을 주기도 하지만 필요한 모습입니다. 우리가 따르는 도유되신 분, 곧 그리스도께서는 강제로 당신을 따라오라 하지 않으십니다. 그분은 선의를 갖고 있는 사람의 내면을 부드럽게 꿰뚫고 지나가십니다. 그리고 우리 마음을 감싸 주시며 우리 안에 뿌려진 당신 말씀 가운데 그 어떤 것도 원수들에 의해 악용되지 못하게 하십니다.

기쁨의 말이 우리에게서 솟아나길

오늘 우리는 그 어느 때보다 말씀의 도유가 지닌 은총이 필요합니다. 우리는 무엇보다 도유된 말씀에 귀 기울여야 합니다. 그 말씀은 진리가 우리 내면에 자리할 수 있도록 도와줍니다. 그렇게 도유된 말씀은 우리가 주님의 말씀과 교회의 가르침에 순명함으로써 자유를 잃어버리지 않을까 하는 두려움을 갖지 않도록 내면에서부터 우리를 가르칩니다. 그 말씀은 입술에 쓴 맛을 남기고 마음을 불편하게 하는 모든 세속적인 말을 거부하게 합니다.

그러므로 우리는 이 도유된 말씀에 귀 기울여야 합니다. 우리는 설교를 통해 하느님 백성에게 도유된 말씀을 전해 주어야 합니다. 그럼으로써 그들의 마음에 이 말씀을 담고, 주님의 말씀이 엠마오로 가던 제자들의 마음을 불태웠듯이, 우리 백성의 마음 또한 불타오르도록 해야 합니다. 또한 우리는 험담, 천박한 말 등 나쁜 말뿐 아니라 거짓과 개인의 이익만 생각하는 말들이 그들 마음에 들어가지 않도록 도유된 말씀으로 그들을 지켜야 합니다. 오늘날 사방에서 온종일 쏟아지는 이런 말들은 우리를 공격하며 우리의 일치를 깨트리고 있습니다.

도유되신 분, 곧 그리스도 안에서 도유된 우리는 오늘 자모慈母이신 성모님을 바라보며 우리 마음 안에 도유된 것들을 잘 돌봐 주시도록 은총을 청해야겠습니다. 또한 우리의 눈길과 손길을 통해 도유를 잘 돌볼 수 있는 은총을 청해야겠습니다. 성모님은 먼저 당신 아드님께 그 자세를 가르치셨습니다. 그다음에는 당신 아드님의 제자로서 그 자세를 배우셨습니다.

그러므로 성모님이, 마카베오기의 한 여인처럼(2마카 7,21-27 참조) 우리에게 진리를 말씀해 주시며 그 마음 자세를 가르쳐 주시길, 그래서 우리가 예수님 안에 온전히 머물 수 있는 은총을 허락해 주시길 청하기로 합시다. 도유가 단지 우리의 삶에서 교계적, 인위적인 태도로 드러나는 것이 아니라, 주님께서 걸어가셨듯 우리도 그렇게 그분의 뒤를 따라 걷는 가운데 드러날 수 있도록 성모님의 도움을 청하기로 합시다. 우리가 당신의 말씀을 지킬 수 있도록 당신의 도유를 통해 도와주시길, 그리고 도유와 더불어 모든 것을 바라며 수고할 수 있도록 도와주시길 빕니다. 특별히 우리에게서 나쁜 말들이 나오지 않도록, 그리고 우리의 마음에서 성자 그리스도와 관련된 것들을 잘 보존하고 되새길 수 있는 은총을 청하기로 합시다.

마지막으로 이 거룩하고 충실한 백성에게 기쁜 소식을 선포하기 위해 오신 예수 그리스도께서 걸으셨던 발자취를 따라가면서, 이 백성을 기쁘게 해 줄 수 있는 말들이 우리에게서 솟아나길 빕니다.

부에노스아이레스, 2012년 4월 5일

두려워하지 마세요

마르 16,1-7

이른 아침, 여인들은 집에서 나와 무덤으로 향했습니다. 이미 그들은 예수님의 시신에 바를 향유를 준비했습니다. 그들은 모든 준비를 하고, 먼동이 트기까지 거의 뜬눈으로 밤을 지새웠습니다. 우리 역시 이 밤을 지새우고 있습니다만, 그것은 주님의 시신에 향유를 바르기 위해서가 아니라 인류의 역사에서 일어난 하느님의 기적을 상기하기 위해서입니다.

무엇보다도 우리는 오늘 밤, 하느님께서 당신 친히 기적을 이루신 그날 밤을 지새우셨다는 사실을 기억해야겠습니다. 이렇게 밤을 지새우는 것은 다음과 같은 말씀에 따른 것입니다. "그날 밤, 주님께서 그들을 이집트에서 이끌어 내시려고 밤을 새우

셨으므로, 이스라엘의 모든 자손도 대대로 주님을 위하여 이 밤을 새우게 되었다."(탈출 12,42)

이스라엘 사람들과 마찬가지로 우리 자녀들과 지인들은 왜 이 밤을 지새워야 하는지 묻습니다. 그에 대한 대답은 주님께서 선택하신 백성에 대한 우리의 기억 가장 깊은 곳에서부터 솟아납니다. "주님께서 강한 손으로 이집트에서, 곧 종살이하던 집에서 우리를 이끌어 내셨다."(탈출 13,14) 이렇듯, 주님께서는 그날 밤 우리 신앙 선조들을 이집트에서 끌어내어 홍해를 건너게 하셨습니다. "주님께서는 그들이 밤낮으로 행진할 수 있도록 그들 앞에 서서 가시며, 낮에는 구름 기둥 속에서 길을 인도하시고, 밤에는 불기둥 속에서 그들을 비추어 주셨다."(탈출 13,21)

그날 밤 죄인인 우리는 하느님께서 베푸신 은총을 통해 회복됐습니다. "그날 밤 그리스도께서는 죽음의 결박을 푸시고 심연에서부터 영광스럽게 부활하셨습니다." 이 밤에 우리는 비로소 해방됐습니다. 그래서 "이 밤은 대낮처럼 밝습니다."

우리의 삶은 우리가 거행하는 이 부활 전야前夜 전례에서 솟아나는 빛과 함께 앞으로 나아갈 것입니다. 그리고 광야에서 우리의 신앙 선조들에게 일어났듯이, 우리에게도 분명 그런 일이 일어날 것이라 믿습니다. 때로는 삶의 여정에서 오는 어려움과 혼란 그리고 고통과 수고가, 우리가 선사 받은 자유의 기쁨과 확신에 어두움을 드리우기도 합니다. 그리고 노예 시절 누렸던 '만족스러운 것들', 다시 말해 이집트에서 먹던 마늘과 파에 대한 그리움을 일으키기도 할 것입니다(민수 11,4-6 참조). 심지어 조바심이 우리를 지배할 수 있고 우리에게 우상을 선택하도록 부추길 수도 있습니다(탈출 32,1-6 참조). 그 순간은 마치 태양이 숨어 버리고 밤이 다시 찾아오고 선사 받은 자유가 사라진 듯 보입니다. 마리아 막달레나와 야고보의 어머니 마리아 그리고 살로메에게는 먼동이 틈과 동시에 또 다른 밤, 두려움의 밤이 엄습했습니다. 그래서 그들은 '무덤에서 나와 달아나고 말았습니다.'(마르 16,8 참조)

그 여인들은 아무 말도 못한 채 달렸습니다. 그들은 두려워서 방금 들었던 말조차 잊어버렸습니다. "너희가 십자가에 못 박히신 나자렛 사람 예수님을 찾고 있지만 그분께서는 되살아나셨다. 그래서 여기에 계시지 않는다."(마르 16,6) 두려움은 그들을 벙어리로 만들어 버렸고 기쁜 소식을 전하지 못하게 했습니다. 또한 두려움은 그들의 마음을 불구로 만들었고, 그들에게 전해진 "갈릴래아로 가시오, 거기서 그분을 뵙게 될 것이오."라는 희망 대신, 확실한 실패의 안전성으로 웅크리게 했습니다. 이 같은 일은 분명 우리에게도 일어날 수 있습니다. 우리 역시 그 여인들과 마찬가지로 희망하기를 두려워합니다. 그 대신 우리는 한계, 인색함, 죄, 의심, 부정 속으로 움츠러드는 것을 더 쉽게 선택합니다. 좋든 나쁘든 우리는 그 모든 걸 마음대로 할 수 있다고 생각합니다.

　여인들은 애도 속에서 모든 난관을 무릅쓰고 주님의 시신에 향유를 바르기 위해 달려왔습니다. 그러나 그들은 정작 두려움에 빠지고 말았습니다. 그들 역시 엠마오로 가던 제자들처럼 낙담 속에 스스로를 가둬 놓고 말았습니다(루카 24,13-24 참조). 그들은 근본적으로 기쁨에 대한 두려움을 갖고 있었습니다(루카 24,41 참조).

서로 격려합시다, "두려워하지 마세요!"

역사는 계속 반복됩니다. 우리가 지새는 이 밤, 두려움으로 가득한 밤, 유혹과 시련이 가득한 밤, 주님께서 이미 물리쳐 이기신 옛 노예 상태로 다시 돌아가려는 유혹이 고개를 드는 이 밤, 주님께서는 이스라엘 백성이 이집트에서 탈출하던 그날 밤 하셨던 것처럼, 그렇게 깨어 지새우고 계십니다. 그리고 부성어린 부드러운 말로 우리에게 다음과 같이 전하십니다. "왜 놀라느냐? 어찌하여 너희 마음에 여러 가지 의혹이 이느냐? 내 손과 내 발을 보아라. 바로 나다. 나를 만져 보아라."(루카 24,38-39) 그리고 힘주어 이렇게 말씀하십니다. "아, 어리석은 자들아! 예언자들이 말한 모든 것을 믿는 데에 마음이 어찌 이리 굼뜨냐? 그리스도는 그러한 고난을 겪고서 자기의 영광 속에 들어가야 하는 것이 아니냐?"(루카 24,25-26) 부활하신 주님은 언제나 우리 곁에 살아 계십니다.

하느님께서는 이스라엘 백성에게 당신을 드러내실 때마다 그들에게서 두려움을 없애고자 하셨습니다. 그래서 이렇게 말씀하셨습니다. "두려워하지 마시오." 예수님께서도 그렇게 말씀하십니다. "두려워하지 마시오." "두려움을 갖지 마시오." 이 말씀은 두려움 속에서 힘겹게 밤을 지새웠던 세 여인에게 천사가 했던 말이기도 합니다. 그러므로 오늘 우리는 함께 밤을 지새우며 서로에게 이렇게 격려해 줍시다. "두려워하지 마세요." "우리 두려워하지 맙시다." 우리에게 주어진 확신을 거부하지 맙시다.

희망을 거부하지 맙시다. 우리의 죄와 이기주의라는 더러움으로 가득 찬 무덤에 머물며 그릇된 안전함을 택하지 않도록 합시다. 주님께서 주시는 희망의 선물을 향해 우리 자신을 열어 드립시다. 그리스도께서 부활하신 기쁨을 두려워하지 맙시다.

오늘 밤, 성모님도 밤을 지새우고 계십니다. 성모님은 나자렛에서 당신 태 속에 잉태하셨던 그 아드님이 죽음으로부터 부활하셔서 당신 곁에 계심을 직감적으로 알아채셨습니다. 성모님이 간직하신 믿음은 그러한 직감이 맞다는 것을 더욱 확고히 해 주었습니다. 그러므로 우리는 이 밤을 항구히 지새울 수 있도록 주님의 첫 번째 제자인 성모님과 함께 인내로이 간구해야겠습니다. 그리고 우리가 희망 가운데 강해지도록 은총을 청해야겠습니다. 더 나아가 부활하신 당신 아드님에게 우리를 인도해 주시도록 은총을 청하기로 합시다.

또한 우리를 두려움에서 해방시켜 주시길, 그럼으로써 천사가 전해 준 기쁜 소식을 귀 기울여 듣고 무덤에서 뛰쳐나올 수 있는 은총을 청합시다. 단순히 놀라서 뛰쳐나오는 것이 아니라 이 부에노스아이레스에 사는 사람들에게 그 소식을 전하기 위해 뛰쳐나와야 하겠습니다. 이 도시의 사람들에게는 그 소식이 간절히 필요합니다.

부에노스아이레스, 2012년 4월 7일

사제적 부성을 지니십시오

루카 4,16-21

루카 복음서는 성부 하느님께 봉헌된 대희년을 준비하는 마지막 해에 우리의 마음에 특별한 반향을 불러일으킵니다. 예수님께서 '은총의 해를 선포하시기 위해' 성부께 기름부음 받으셨음을 오늘 복음을 통해서 증언하고 있습니다.

도유, 특히 향유로 기름부음 받는 것은 기쁨과 환희를 상징합니다. 기름을 바르는 데에는 여러 가지 목적이 있습니다. 치유하기 위해, 축성하기 위해, 파견하기 위해……. 그러나 이 모든 활동의 특징은 우리 존재를 꿰뚫는 주님의 향이 가져다주는 기쁨입니다. 그 향은 우리의 존재 전체로 퍼져 갑니다.

오늘 성유 축성 미사, 도유 미사에서 하느님 백성을 이루고 있는 주교와 사제, 수도자들을 비롯해 우리 모두는 성부께 성령의 도유를 쇄신해 주시도록 청해야 하겠습니다. 우리는 세례를 통해 성부께서 사랑하신 아드님에게 바른 그 기름으로 도유됐습니다. 성자께서는 당신의 거룩한 손으로 이 도유의 은총을 우리에게 풍성히 전해 주셨습니다.

그러므로 다 함께 성부께서 우리를 온전히 당신 자녀로 삼으시도록 기름을 부어 주시기를 청해야 하겠습니다. 자비로우신 성부의 손길이 우리 위에 머물고 탕자인 우리의 상처를 치유해 주시도록 빕시다. 성부 하느님의 거룩한 마음에서부터 흘러나오는 부드럽고 인내 가득한 사랑이 어떠한 원한이나 분열 없이 우리를 형제로 이어 주며 당신 백성인 교회 위에 온전히 흘러내리기를 빕시다. 상처받고 영광스럽게 되신 진리이신 예수님께서 우리를 기쁨과 용기로 채워 주셔서 복음을 갈망하는 이 세상에 우리가 그분의 기쁜 소식을 선포할 수 있도록 빕시다. 성부께서 우리를 얼마나 사랑하시는지 모릅니다!

　도유한다는 것은 손과 마음 그리고 말, 곧 온 존재를 다해 하는 행위입니다. 그것은 총체적으로 자신을 내어 주는 행위이자 도유되는 사람이 풍요롭고 생명력 넘치는 존재가 되기를 바라는 행위입니다. 그것은 하느님 아버지의 행위입니다.
　그러므로 도유된 사람들, 특히 사제로 도유된 사람들은 아버지의 마음으로 우리 형제들을 도유하도록 하느님 아버지께 청해야 하겠습니다. 아버지께서는 항상 당신 가족을 모두 전체적으로 섭리히는 분이십니다.

- 하느님 아버지께서는 의인이건 죄인이건 우리 모두를 안아 주십니다.
- 하느님께서 우리에게 뭔가를 주실 때에는 아무것도 남겨 두지 않으십니다. "아들아, 내 모든 게 네 것이란다." 그래서 용서하실 때에는 결코 인색하지 않으시고 큰 잔치를 베푸십니다.
- 하느님께서는 기다리실 때 결코 지치지 않으시며, 항상 그

리고 매일 기다리십니다. 그리고 당신 자녀들에게 부족한 모든 것을 희망하십니다.

사랑하는 사제 여러분, 이 성찬례를 봉헌하면서 제가 갖는 바람과 기도는, 우리가 서품받던 그날 했던 약속들을 새롭게 하는 가운데 천상 아버지께서 친히 이 도유를 쇄신해 주시는 것입니다. 그럼으로써 사제적이고 부성적인 이 도유가 새롭게 되길 바랍니다.

사랑으로 신자들에게 기름 부어 주십시오

우리는 매 순간 도유된 사람으로 처신해야 합니다. 일을 함에 있어서, 하느님 백성을 위한 봉사에 있어서 서로 긴밀히 일치해야 합니다. 또한 우리를 성부 하느님, 성자 예수님과 더불어 하나 되게 해 주는 거룩한 향기인 복음서의 가르침을 호흡하며 살아야 하겠습니다. 그리고 우리를 다른 사람들에게 온전히 내어 줄 수 있어야 하겠습니다. 더 나아가, 우리 사제들 가운데서 일어날 수 있는 어려움과 갈등, 특히 사울과의 싸움 중에 다윗에게 하신 그분의 도유를 여러분도 받게 되길 바랍니다. "주님께

서는 내가 주님의 기름부음 받은 이에게 손을 대지 못하게 하셨다."(1사무 26,11)

우리는 세례 때 받은 믿음의 은총 안에서 우리 백성을 도유하고자 합니다. 이 믿음은 그들을 왕다운 백성, 사제적인 백성, 하느님의 백성이 되게 해 줍니다. 우리 선조들이 지녔던 이 믿음은 우리 백성에게 참다운 품위를 새겨 줍니다. 또한 믿음은 신자들로 하여금 지금 겪고 있는 많은 고통 속에서도 기쁘게 살아가게 해 줍니다.

그러므로 우리는 희망 속에서 우리 백성에게 기름 부어 줄 수 있기를 바랍니다. 오직 예수님 안에 간직한 그 희망은 그분의 손길로 백성을 해방하고 치유하며, 유일한 진리를 말씀하시는 그분의 입술로 그들을 위로하고, 그분의 마음으로 당신 백성 가운데 살면서 백성을 그분의 살로 느낄 수 있는 기쁨을 누리게 합니다.

우리는 사랑 안에서 우리 신자들에게 기름을 부어 주어야 합니다. 그래서 지금까지 그래 왔듯이 서로 함께 연대함에 있어 결코 지치지 않도록 해야 합니다. 그리하여 모든 아버지가 자기 가정을 이끌어 가는 힘든 과제를 수행함에 있어 다시금 힘과 용기를 갖게 되길 바랍니다. 또한 모든 어머니 역시 남편과 자녀들의 마음에 가정의 달콤함과 온기라는 향유를 계속해서 뿌릴 수 있기 바랍니다. 그리고 모든 젊은이가 다른 사람들, 특히 어린아이들과 가난한 이들을 위한 봉사에 투신할 수 있기를 바랍니다.

또한 모든 어르신이 희망의 눈길로 미래를 바라보며 복음서에 나오는 시메온과 안나처럼 예언자로서의 역할을 할 수 있기를, 그리고 주님께서 당신이 하신 약속을 이루시며 인생은 살 만한 가치가 있다는 것을 알려 주신 그 메시지를 용기 있게 전할 수 있기를 바랍니다. 또한 병자들과 죄수들 그리고 홀로 사는 사람들, 집 없는 사람들, 가난한 사람들이 예수님이 곁에 계심을 느낄 수 있게 되기를 바랍니다. 특별히 주님께서는 그들을 치유하시고 그들에게 자유를 선사하시며 기쁜 소식을 선포하시고자 이 땅에 오셨습니다.

하느님 아버지께서는 '모욕받으시고 영광스럽게 되신' 사랑하는 당신 아드님을 도유하시며 더불어 우리의 모든 고통과 기쁨도 도유해 주셨습니다. 그래서 성유로 축성된 우리의 손은 신자들 곁에 머무는 손이 되어야 합니다. 특히 우리의 손은 "굶주리고 목말라 하는 사람들, 병자들, 상처받은 사람들, 감옥에서 고통받는 사람들, 헐벗은 사람들, 태어날 때부터 천대받으며 힘겨운 고독 속에 살아가는 사람들"이 아버지 하느님의 도유를 느끼게 해 주어야 합니다.

하느님 아버지께서는 그들을 치유하기 위해 당신 아드님을 보내셨습니다. 그분의 상처로 치유된 우리는 그렇게 굶주리고 헐벗고 고통 중에 있는 사람들을 치유하기 위해 하느님께 도유된 부성父性, 곧 사제적 부성을 지녀야 합니다. 말씀이신 그리스도의 강생을 허락하신 하느님 아버지께서 우리의 이 여정에 함께하시고, 우리를 보살펴 주시길 빕니다.

부에노스아이레스, 1999년 4월 1일 성유 축성 미사

그리스도를 선포하는 사목자가 되십시오

사도 14,5-18

"다른 민족 사람들과 유다인들이 저희 지도자들과 더불어 사도들을 괴롭히고 또 돌을 던져 죽이려고 하였다. 바오로와 바르나바는 그 일을 알아채고 리카오니아 지방의 도시 리스트라와 데르베와 그 근방으로 피해 갔다. 그들은 거기에서도 복음을 전하였다."

"'내 계명을 받아 지키는 이야말로 나를 사랑하는 사람이다. 나를 사랑하는 사람은 내 아버지께 사랑을 받을 것이다. 그리고 나도 그를 사랑하고 그에게 나 자신을 드러내 보일 것이다.' 이스카리옷이 아닌 다른 유다가 예수님께, '주님, 저희에게는 주님 자신을 드러내시고 세상에는 드러내지 않으시겠다니 무슨 까닭입니까?' 하자, 예수님께서 그에게 대답하셨다. '누구든지 나를 사랑하면 내 말을 지킬 것이다. 그러면 내 아버지께서 그를 사랑하시고, 우리가 그에게 가서 그와 함께 살 것이다. 그러나 나를 사랑하지 않는 사람은 내 말을 지키지 않는다. 너희가 듣는 말은 내 말이 아니라 나를 보내신 아버지의 말씀이다. 나는 너희와 함께 있는 동안에 이것들을 이야기하였다. 보호자, 곧 아버지께서 내 이름으로 보내실 성령께서 너희에게 모든 것을 가르치시고 내가 너희에게 말한 모든 것을 기억하게 해 주실 것이다.'"(요한 14,21-26)

예수님께서는 수난에 앞서 제자들과 석별의 정을 나누시며 '아버지의 약속'(사도 1,4)을 전하셨습니다. "보호자, 곧 아버지께서 내 이름으로 보내실 성령께서 너희에게 모든 것을 가르치시고 내가 너희에게 말한 모든 것을 기억하게 해 주실 것이다."(요한 14,26) 그리고 이렇게 제자들에게 약속하셨습니다. "그분은 진리의 영이시다. 세상은 그분을 보지도 못하고 알지도 못하기 때문에 그분을 받아들이지 못하지만, 너희는 그분을 알고 있다. 그분께서 너희와 함께 머무르시고 너희 안에 계시기 때문이다." (요한 14,17)

또한 예수님께서는 천상으로 돌아가시기 전, 제자들에게 예루살렘을 떠나지 말고 거기서 성령을 기다리도록 부탁하셨습니다. 이는 그들이 성령의 세례를 받고 그분으로부터 힘을 받게 하기 위함이었습니다. 그리하여 그들이 예루살렘과 온 유다 지방 그리고 사마리아 지방, 나아가 세상 끝까지 당신을 증거하게 하셨습니다(사도 1,4-8 참조).

우리는 예수님의 이 말씀을 열린 마음으로, 준비된 마음으로 받아들여야 합니다. 우리의 주교직이 성령의 도유로 인도될 수 있도록 주님께 은총을 청하기로 합시다. 그리고 특별히 이 성찬례에서 서로를 위해 성령을 청하기로 합시다.

진리의 영, 성령

예수님께서는 성령을 '진리의 영'이라 부르셨습니다. 그분의 현존은 우리 마음에서 거짓의 어두움과 거짓 진리의 먹구름을 흩어 주십니다. 그 거짓 진리들은 주님을 향한 여정에서, 반드시 완수하겠다고 하는 오만함(완수하겠다고 하지만 거짓을 말하는)이자 세상과의 타협을 선제로 하는 위선입니다. 그러기에 거짓 영에 사로잡힌 사람들은 "그분(성령)을 보지도 못하고 알지도 못하기 때문에 그분을 받아들이지 못합니다."(요한 14,17) 이런 표현들은 세속적인 마음에서 비롯된 것입니다. "가장 큰 위힘, 가장 큰 부정적인 면은 모든 것을 극복하고 승리에만 취해 있을 때, 그 은밀한 곳에서 다시 생겨나곤 합니다. …… 만일 이런 영적 세속성이 교회를 공격하고 부패시키려 한다면, 윤리적인 면에서 세속화되는 것 그 이상으로 우리 교회는 한없이 참담해질 것입니다. 더욱이, 역사의 어느 시점에서 전염병처럼 퍼진 세속화된 사상이 주님의 신부인 교회를 파괴시키고 있음에도 그에 대해 방관하고 있을 때 더욱 악화될 수밖에 없습니다."(De Lubac, *Meditaciones sobre la Iglesia*, Desclée, Pamplona, 2ª ed., 367-368 참조)

"영적 세속성은 지극히 이기적인 인간 중심적 태도를 말합니다. …… 그것은 살아 계신 하느님을 적대시하는-그리고 사실상 인간에게 더욱더 적대적인-아주 미묘한 인본주의와 하나 다를 바 없습니다. 이런 태도는 수많은 핑계를 대며 우리 안에 똬리를 틀 수 있습니다."(De Lubac, *Meditaciones sobre la Iglesia*, Desclée, Pamplona, 2ª ed., 367-368 참조) 만일 사제가 이런 세속적 경향과 거래한다면, 그는 국가의 성직자나 공무원이기는 하되 하느님 백성의 목자가 될 수 없습니다.

하지만 성령께서는 영적 세속성 너머로 우리를 이끌어 주시며 이 세상의 영으로부터 구원해 주십니다. 사실 그런 세상의 영의 원수가 되는 것보다 벗이 되는 게 더 위험합니다. 우리의 직무가 세속화되어 가지 않도록 성령께서 이끌어 주시길 빕니다. 그분께서는 우리 내면에서부터 두 가지 방향으로 우리를 힘있게 이끄십니다. 하나는 우리를 내면으로 끌어당기시면서 거룩한 신비로 인도해 주십니다. 다른 하나는 우리에게 증거할 힘을 선사하시며 바깥으로 이끌어 가십니다.

예수님께서는 우리에게 성부께로부터 오는 진리의 영을 보내 주셨습니다. 그분께서는, 진리의 영께서 우리에게 모든 것을 가르쳐 주실 것이며 당신께서 우리에게 가르쳐 주셨던 모든 것을 상기시켜 주실 것이라고 말씀하십니다. 성령의 도유는 주님께서 공생활을 통해 가르치셨던 것을 우리에게 상기시켜 주며, 계속해서 우리를 가르치고 그 안에 숨어 있는 의미들을 드러내 보여 줍니다.

그러므로 진리의 영께서는 우리를 신비 자체이신 그리스도께로 끌어당기시며 동시에 그 신비 속으로 들어가도록 해 주십니다. 그분은 우리를 여정 한가운데 버려두지 않으시며 모든 혼란으로부터 보호해 주십니다. 그리고 충만하고 성숙한 믿음으로 인도해 주십니다. 이렇게 해서 믿음의 공동체에 속하는 우리를 현대판 영지주의 위험으로부터 구해 주십니다. 왜냐하면 성령께서 우리에게 부어 주시는 앎은 지혜이자 사랑을 동반하며 우리를 예수 그리스도의 제자로 도유시켜 주시기 때문입니다. 그러므로 그 앎은 단순한 철학이나 사상이 말하는 그런 앎과는 전혀 다릅니다.

그러나 성령께서 우리 안에서 하시는 일은 이뿐만이 아니라 궁극적으로 우리를 세상으로 다가가도록 힘차게 이끄십니다. 그 세상은 주님을 받아들이려 하지 않는 세상이며 그분을 미워하고 동시에 우리를 미워하는 세상을 말합니다(요한 15,18-19 참조).

성령께서는 우리에게 바로 그 세상에서 예수님 부활의 증거자가 되게 하십니다. 우리가 성령을 받는 것은 우리 자신만을 위해서가 아닙니다. 그저 스스로 만족하기 위한 영성을 만들기 위해서가 아닙니다. 또한 우리 공동체만 진리를 소유하고 기억하기 위해 받는 것도 아닙니다. 성령께서는 더 높은 곳을 향해 우리를 인도하십니다. 그분은 우리를 인도하신 바로 그 거룩한 신비에서 우리를 밖으로 파견하십니다. 그래서 성령은 우리 교회가 이기적인 교회로 전락할 수 있는 위험에서 구해 주십니다. 그분은 우리를 선교사로 만들어 주십니다.

성령의 인도로 그리스도를 선포하십시오

예수님께서는 성부께서 주시는 선물이 전해질 때까지 예루살렘을 떠나지 말라고 제자들에게 당부하셨습니다. 또한 그분은 우리를 당신의 제자로 도유해 준 바로 그 거룩한 신비에서 떠나지 말도록 당부하셨습니다. 그리고 성령의 도유로 인도되는 것이 아니라면, 선교의 증거자로 기쁜 소식을 전하기 위해 세상으로 나가지 말라고 하셨습니다. 우리는 우리가 받은 직무를 통해 교회와 세상에 봉사하기 위해 성령께서 우리를 어디로 인도하시는지 식별할 줄 알아야 하며, 그 길을 가기 위해 온유한 마음으로 준비해야 합니다. 그리고 이를 위해 주님께 은총을 청해야 합니다.

성모님은 바로 이 점을 아셨습니다. 성령께서 당신 위에 임하셨고(루카 1,35) 당신께 일어난 모든 사건을 바로 성령의 도유라는 빛 아래서 관상하시면서 당신 마음속 깊이 간직하고 되새기셨습니다(루카 2,19; 2,33; 2,51). 성모님은 성령의 현존이 일으키는 경이로움에 대해 감탄할 줄 아셨습니다. 그분은 여정 한가운데 머물지 않고 항구히 걸어서 결국 그 여정의 목적지에 이르셨습니다.

사도 바오로 역시 리스트라 사람들과의 만남에서 임기응변식으로 상황을 모면하거나 여정 한가운데 주저앉지 않았습니다. 그에게는 세상의 명예를 얻는 것과 예수님을 선포할 수 있는 선택의 상황이 동시에 주어졌습니다. 그러나 그는 타협하지 않았습니다. 왜냐하면 진리의 영이 그를 힘껏 끌어당겼기 때문입니다.

우리는 세례자 요한에게서도 그와 같은 모습을 찾아볼 수 있습니다. 그는 세상의 헛된 영광과 타협하지 않았습니다(요한 1,19-27). 그들은 모두 자신의 삶을 통해 성령께서 자신의 활동을 충만함으로 이끄시고 완성해 주신다는 사실을 우리에게 증언해 주었습니다. 예수님 친히 부와 허영, 권력이라는 '세속적 기준'에 따라 구원을 제시한 사탄의 유혹을 견뎌 내셨습니다(마태 4,1-11 참조). 모든 이의 주님으로 도유되신 예수님께서는 우리가 가야 할 방향을 가리켜 주십니다. 그분은 타협의 유혹을 하느님 말씀의 힘으로 이겨 내셨습니다. 그분이 그렇게 승리하신 것은 무엇보다 '성령에 의해 인도되셨기'(마태 4,1) 때문이며, '성령으로 충만하셨고, '성령에 의해 이끌리셨기'(루카 4,1) 때문입니다.

우리는 "보호자, 곧 아버지께서 내 이름으로 보내실 성령께서 너희에게 모든 것을 가르치시고 내가 너희에게 말한 모든 것을 기억하게 해 주실 것이다."(요한 14,26)라는 예수님의 약속에서 힘을 얻으며 이 전례 모임을 시작했습니다. 그러므로 마음을 다해 성령을 받아들이고, 그분을 우리 마음속에 모실 수 있는 은총을 청해야 하겠습니다. 성령께서 우리를 거룩한 신비 안으로 인도해 주시고 마침내 주님의 증인으로 파견하실 수 있도록 우리를 온전히 그분께 맡겨 드리기로 합시다. 그리고 바로 이 길을 통해서 여러분이 이 여정의 목적지에 이르길 바랍니다. 영지주의적인 교회나 자기중심적인 교회를 만들어선 안 됩니다. 부와 허영, 교만과 타협하고 세상과 거래하며 잘못된 지름길로 빠져서도 안 됩니다. 신자들은 우리가 예수 그리스도를 선포하기 위해 파견된 주님의 증인, 사목자가 되기를 바랍니다.

부에노스아이레스, 2009년 5월 11일

울지 마시오!

루카 7,11-17

　모든 그리스도인은 요한 바오로 2세 교황의 대희년 선포에 따라 희망을 품게 됐습니다. 우리는 이 대희년을 단순히 관습에 따라 치르는 것이 아닙니다. 무엇보다도 우리는 우리 가운데 계신 그리스도의 영원한 현존을 기념하고 있습니다. 그러므로 인류를 변화시켜 주시는 그분의 은총을 기억해야겠습니다. 그리고 그분의 은총을 거스르는 우리의 본성에 대해서도 유념해야 합니다.

　우리가 그리스도의 현존을 기억하는 이유는 주님께 감사드리고 그분을 찬미하기 위해서입니다. 반면 우리의 본성을 기억하는 이유는 우리가 누구인지 깨닫고 주님께 용서를 청하기 위해서입니다. 우리는 한마디로 이를 '회개'라고 부릅니다.

"'우리 가운데에 큰 예언자가 나타났다.' 또 '하느님께서 당신 백성을 찾아오셨다.'"(루카 7,16)라고 복음서가 말하듯이, 하느님께서는 우리에게 사랑을 전하셨습니다. 그러나 우리 인류는 그것을 받아들이지 못했습니다. 그럼에도 그분은 우리 가운데 임하시고 함께하셨습니다. 그분의 현존은 우리에게 기쁨의 원천이 됩니다.

그분은 우리가 구원받았음을 느끼고, 서로 그분 안에서 새롭게 사랑하도록 초대하십니다. 그리고 거기서 생겨나는 기쁨을 누리게 하십니다. 더 나아가, 그분은 이를 바탕으로 새 시대를 열어갈 수 있도록 우리를 초대하십니다. 그것은 그리스도와 함께 모든 것을 다시 시작하는 것을 의미합니다. 그분은 '인간의 내면에 무엇이 있는지 아십니다'. 그리고 우리에게 선사된 자유를, 성령께서 우리 마음 안에 부어 주신 사랑의 불을 신뢰하십니다.

믿음과 고통 속에 육화하신 그리스도

오늘 모든 아르헨티나인은 세상의 수많은 이와 함께 5월의 이

기념일을 기쁨 가득한 희망 안에서 거행하길 바랍니다. 우리는, 이 백성의 믿음과 고통 속에 육화하신 그리스도께서 주시는 기쁨과 모든 결핍과 모순을 넘어서는 희망을 바탕으로 새로운 나라를 건설하기 위한 모험을 시작하려 합니다. 그리고 이를 위해 스스로 변화되고자 합니다.

희망은 영혼을 깊고 평온하게 해 줍니다. 왜냐하면 인간은 관대한 마음으로 하느님이 하신 약속과 말씀을 신뢰할 때, 자신의 이성과 여러 가지 증거를 바탕으로 빚어낸 의심과 비관적 견해로부터 해방되기 때문입니다. 자신이 희망하는 바를 사는 이들은 하느님의 모상으로서 그분을 닮았다는 자기 존재의 깊은 품위를 드러냅니다. 그가 누리는 기쁨은 거저 얻은 것입니다. 하지만 그것은 그냥 단순한 성공이 아니며 노력의 대가 없이 얻어진 것도 아닙니다.

이처럼 확고하고 싶은 기쁨과 평화가 이어지는 가운데, 이 대희년은 다양한 차이와 조건을 넘어 궁극적으로는 결속을 만들어 낼 것이라 확신합니다. 모든 아르헨티나인이 이 나라를 세운 선조들의 약속과 함께 새롭게 태어나길 기원합니다. 그래서 우리에게는 기쁨의 싹을 트게 해 주는 희망이 절실히 필요합니다. 왜냐하면 바로 이 기쁨으로부터 오늘날 구제 불가능한 것처럼 보이는 두려움과 불확실함 그리고 서로의 거리감을 무너뜨리는 결속이 생겨나기 때문입니다.

저는 지금으로부터 1년 전 비슷한 시기에 아르헨티나인들에게 희망이 담긴 사회적 결속이 다시금 필요하다는 것을 강조한 바 있습니다. 그 결속은 더 가진 사람들과 덜 가진 사람들 간에 존재하는 고통스러운 균열을 봉합하고 가깝게 해 주는 결과를 가져올 것입니다. 그러므로 무엇보다 사회에서 꿈을 펼칠 수 있는 기회를 갖지 못한 젊은이들에게 가까이 다가가는 계기가 되길 바랍니다.

또한 우리의 결속은 천대받으며 가난하고 소외된 어린이들에 대한 사랑을 불러일으켜야 합니다. 또한 그것은 해야 할 일을 잊어버린 모든 사람에게 경각심을 불러일으키는 결속이어야 합니다. 그리고 모든 것을 박탈당한 채 살아가는 이민자들과 연대해야 합니다. 이민자들은 계속해서 우리 사회 안으로 들어오고 있습니다. 또한 우리를 위해 일생을 바친 노인들과 결속해야 합니다. 그분들은 오늘을 살아가는 우리에게 희망을 전해 주는 현자이자 스승입니다. 그러므로 우리는 그분들과의 결속을 통해 그분들에게 합당한 지위를 되찾아 주어야 합니다.

우리는 희망으로 사회적 결속을 다져야 합니다. 그것은 차가운 윤리적 태도나 이성적 태도가 아닙니다. 그렇다고 실현 불가능한 유토피아도 아닙니다. 냉혹하고 공격적인 실증주의는 더더욱 아닙니다. 그것은 공동선共同善을 이루기 위해 우리가 함께 살아야 한다는 긴급한 요청입니다. 그것은 정의를 바탕으로 재화와 이익을 나누고 평화로운 사회를 만들어 가기 위해 각자가 지향하는 이익을 일부 포기함으로써 공동체의 선을 이루는 것을 말합니다. 그렇다고 그것이 어떤 계획을 세워서 행정적 차원에서 관리하는 것을 의미하는 것은 아닙니다. 무엇보다도 그것은 희망 속에서 이웃과 새로운 만남의 문화를 만듦으로써 우리를 하나로 결속시켜 주는 변화의 의지를 표출하는 것입니다. 그리고 서로 인격적으로 가까이 다가가는 것이며, 공동선을 지향하는 신념을 지속적으로 갖는 것을 말합니다. 거기서는 더 이상 소수의 사람들만이 누리는 특권이 난공불락의 성채가 될 수 없습니다.

또한 자신만의 이기적인 생존을 위한 착취와 권력이 남용되어서는 안 됩니다. 서로가 서로에게 문을 열고 다가설 때 이 희망의 문화는 우리에게 새로운 결속을 만들어 줍니다. 저는 여러분이 확신을 가지고 이 일을 이루어 가시길 바랍니다.

형제간의 결속

이미 우리는 복음서에서 새로운 하느님 백성을 위해 희망 가득 찬 결속을 시작하셨던 우리 주 예수 그리스도를 보았습니다. 어느 과부의 아들을 살려 주신 예수님의 모습은 우리에게 깊은 인상을 남겨 주었습니다. 거기에는 죽음과 부활이라고 하는 드라마틱한 장면이 담겨 있습니다. 거기에는 인간적 고통이 배어 있지만 그렇다고 희망이 사라진 것이 아닙니다. 그들을 바라보며 연민을 느끼신 예수님의 모습이야말로 이 점을 이해하게 해 주는 열쇠가 됩니다. 그분은 그들 곁으로 다가가 그들이 처해 있는 고통과 죽음을 어루만지셨습니다. 그리고 그것을 새로운 생명으로 변화시켜 주셨습니다. 주님은 죽은 그 젊은이에 대한 비탄이 희망을 짓누르도록 버려두지 않으셨습니다. "울지 마시오." 예수님은 그 젊은이의 어머니에게 말씀하셨습니다. 그리고 그녀의 고통을 어루만지셨습니다.

저는 종종 우리가, 오늘 복음에 나오는 장례 행렬처럼, 사회 곳곳에서 슬픔에 젖어 살고 있지는 않은지 그리고 더는 어찌할 수 없는 운명의 굴레 속에서 체념한 채, 오히려 그 굴레를 벗어나려 시도하는 사람들에게 돌멩이를 던지고 있지는 않은지, 그래서 희망을 잃어버린 채 환상만을 좇으며 주위 사람들에게도 그렇게 살도록 강요하고 있지는 않은지 반문해 보아야 한다고 생각합니다.

그러므로 우리는 이 사회 곳곳에 그늘이 드리워져 있음을 있는 그대로 인정해야 합니다. 마치 장례 행렬에 드리운 그늘처럼, 이행되지 않는 여러 약속으로 말미암아 불신의 그늘이 사회 전반에 드리워져 있습니다. 많은 사람이 죽은 청년의 친척들을 위로해 주지만 그 누구도 그를 일으켜 세우진 못했습니다. "일어서시오!" 이 말씀은 그 청년을 부르시는 주님의 음성입니다.

이 음성과 함께 우리는 다음의 음성을 기억해야겠습니다. "아르헨티나인들이여, 일어서십시오!" 이는 요한 바오로 2세 교황이 마지막으로 우리 조국을 방문하셨을 때 하신 말씀입니다. 이는 우리나라를 세운 선조들이 꿈꾸고 이루고자 했던 것이기도 합니다.

그러나 우리 안의 이기심을 인식하고 그로부터 회심하기 전까지, 우리는 어떠한 신뢰도 평화도 이룰 수 없을 것입니다. 회심하기 전까지 우리는 어떠한 기쁨도 환희도 누리지 못할 것입니다. 왜냐하면 권력과 돈, 명예에 대한 지나친 야망은 커다란 내적 공허함만을 만들 뿐이기 때문입니다. 내면이 공허한 사람은 기쁨과 평화 그리고 희망을 전해 줄 수 없을 뿐만 아니라 만사를 부정적으로 바라보게 됩니다. 그들은 결코 형제간의 결속을 이룰 수 없습니다.

주님, 아직 젊은 우리 조국 아르헨티나를 어루만져 주소서! 아직 우리 아르헨티나는 자기 안에만 갇혀 있지 않고 이웃을 향해 열려 있습니다. 주님, 저희가 두려움을 떨쳐 버릴 수 있도록 당신 사랑을 저희에게 보여 주소서! 그리고 저희가 서로를 보듬으며 사랑하게 하소서. 이 사회 체제에 의해 소외된 사람들을 보듬게 하소서. 우리는 공화국이라는 제도 안에서 서로 긴밀하게 손을 맞잡고 참여하는 공동체 조직들에게 지지를 표명합니다. 이 조직들은 공동선이라는 원리와 목적에 충실하고 서로에 대한 형제적 사랑과 배려를 우선시합니다. 이렇게 사회가 돌아갈 때 우리 젊은이들은 헛된 이상을 접고 구체적인 희망의 지평을 발견하며 실현 가능한 결과를 얻기 위해 투신하게 될 것입니다.

일어나십시오!

그래서 우리는 고통 중에 있는 이들, 스스로 삶을 포기하려는 이들을 보듬어야 합니다. 그리고 그들에게 가치를 부여해 주어야 합니다. "젊은이여, 내가 너에게 말한다. 일어나라." 그러므로 우리 각자는 독점하고 있는 권력을 내려놓아야 합니다. 그 대신 소외된 형제들을 위해 봉사하고 그들과 함께하는 참된 권위를 실천해야 합니다.

사실, 이 사회에는 소수의 사람들만이 재력과 권력 그리고 기술력을 독점하고 있습니다. 오직 능동적인 공동체만이 그 구성원으로 하여금 서로 연대하고 함께 공동체를 이루어 가도록 가능성을 열어 줍니다. 더 나아가 그런 공동체만이 창조적인 다양성을 인정하며 구성원 모두가 공동의 선을 향해 나아가도록 격려하고 법질서를 확립함으로써 모두가 공존할 수 있는 공동체를 지키기 위한 수호자가 될 수 있습니다.

우리 구세주 그리스도께서는 그 청년을 다시 살아나게 한 영광을 독차지하지 않으셨습니다. 그분은 청년을 그의 어머니에게, 그가 살던 자리로 되돌려 주셨습니다. 그러므로 우리는 우리가 가진 권한을 바탕으로 공동체를 위해 봉사해야 합니다. 우리는 주인공의 자리를 공동체에게 내주어야 합니다. 그리고 공동체의 목적을 위해 수고하는 이들을 돕고 지지해 주어야 합니다. 그럼으로써 우리는 역설적이게도 과도한 소통의 세상 속에 존재하는 소통불능의 장벽을 허물어 버릴 수 있습니다. 더 나아가 공공의 선을 공동체의 진정한 주인공으로 자리매김함으로써 더 이상 익명의 대변인들에게 공동체의 운명을 담보로 내주지 않을 수 있습니다.

저는 이러한 공동체적 시도들이 함께 나누게 될 진정한 기쁨과 희망의 표징이라고 봅니다. 이러한 나눔을 통해 왜곡되어 있는 우리 사회가 순수한 하느님 백성으로 돌아가기 위한 내적 혁명과 변화를 준비하게 될 것입니다. 이러한 시도는, 가족 구성원 간의 사랑을 무시하고 인간의 품위를 부인하는 파괴적인 사회 상황에 직면하게 될 때 우리에게 더 나은 사회를 건설할 수 있는 돌파구를 제공해 줍니다. 그러기 위해 우리는 허울뿐인 주연 역할을 버리고 이 사회의 진정한 주인공으로서 희망을 갖고 공동체를 위해 대담하게 투신할 줄 알아야 합니다. 우리는 소모적인 내란을 종식시켜야 합니다. 그러기 위해 권력에 대한 잘못된 욕망을 내려놓아야 합니다.

할 수 있습니다. 우리는 분명 할 수 있습니다. 우리는 의심하지 말아야 합니다. 젊고 희망찬 아르헨티나로 되돌려야 합니다. 오늘날 많은 사람이 삶의 황혼기로 접어들고 있습니다. 하지만 그들 중 대부분은 기쁨을 누리지 못합니다. 그들은 위기에 처해 있는 이 사회를 바라보며 회의에 빠져 있습니다. 우리는 원로들에게 사회 정의의 관점에서뿐만 아니라 앞으로 우리 젊은이들이 미래를 꿈꾸며 살아갈 수 있도록 해야 하는 희망의 빚을 지고 있습니다. 그분들은 우리에게 기억의 불씨와도 같은 존재이기 때문입니다. 주님께서 죽었던 청년을 그의 어머니에게 되돌려 주셨듯이, 그분들에게 희망 가득한 아르헨티나를 되돌려 줄 수 있다면 얼마나 좋겠습니까? 그래서 희망 가득한 그분들의 미소를 보고 오늘날 슬픔 속에 있는 젊은이들이 새롭게 삶을 살아갈 수 있는 용기를 갖게 되기를 바랍니다.

그럼으로써 우리는 오늘 복음 말씀에서처럼, 죽었다던 사람이 다시 일어나서 말하는 모습을 보게 될 것입니다. 그렇게 될 때 우리는 사도 바오로가 "희망은 우리를 부끄럽게 히지 않습니다."(로마 5,5)라고 하신 말씀의 의미를 알아듣게 될 것입니다.

2000년 5월 25일

하느님의 현존 안에서
사랑을 다하십시오

마태 16,13-19

사랑하는 형제자매 여러분! 저는 이 모임을 시작하면서 제시했던 사안들 가운데 몇 가지를 다시 상기하고자 합니다. 그것은 사순 시기라는 거룩한 시기를 지낼 준비를 하고 있는 이 시점에서 우리의 길을 환히 비춰 줄 것이라 생각합니다.

회중과의 만남은 우리의 정체성을 확인시켜 주고 우리의 사명을 의식하게 하는 자리입니다. 거기에는 어떤 선입견도 없습니다. 무엇보다 회중은 성령에 의해 인도되고 계속해서 조화를 이뤄 나갑니다. 그것은 '영의 자유와 더불어 우리를 움직이게 하는' 초대입니다. 이러한 자유는 우리가 청해야 할 은총이자 주님을 받아들이기 위해 준비해야 할 은총입니다. 그것은 회중을 떠받치는 근본 바탕이며, 또한 예수 그리스도와 그분의 정배이자 우리의 어머니이신 교회에 드리는 자유로운 순명이기도 합니다. 그것은 우리가 믿음 안에서 정화되고 바로 서기 위해 대면해야 할 자유이며 사도적 풍요로움 안에서 드러나는 창조적 자유입니다. 또한 그것은 거룩함에 바탕을 둔 자유입니다. 결국 그것은 하느님께서 아브라함에게 말씀하셨던 자유를 말합니다. "너는 내 앞에서 살아가며 흠 없는 이가 되어라."(창세 17,1)

저는 우리가 영적 투쟁 가운데 보내는 이 사순 시기를 '하느님 현존 안에서 걷는 시기'로 살아가기를 바랍니다. 회중의 정신은 자기 마음에서 일어나는 것을 유심히 보고 여러 가지 생각들을 대면하면서, 그리고 다양한 영(좋은 영, 나쁜 영, 자신의 영)의 움직임에 주의를 기울이는 가운데 성장합니다. 이는 자신을 향한 하느님의 뜻이 무엇인지 식별하고 발견하기 위해서입니다.

이 모임에 참여하는 것은 어떤 면에서 우리 자신을 버리라는 초대에 응답하는 것이라 할 수 있습니다. 그것은 신중한 것과 신중하지 못한 것 사이에서 앞을 향해 한 발 더 내딛는 것, '무엇인가 더 나은 것'을 제안하는 것이자 '영의 움직임'에 우리 자신을 내맡기는 것을 뜻합니다. 우리에게 제시된 여러 가지 제안 앞에서 그것을 식별하고 선택하는 가운데 우리는 하느님의 뜻이 무엇인지, 그리고 그것이 실현될 수 있도록 우리를 격려해 주는 '영靈'이 무엇인지 분명히 대면하게 될 것입니다.

하느님께서 우리에게 맡겨 주신 이 사명은 우리의 이기적인 마음과 무기력함을 거슬러 싸울 것을 요청합니다. 복음의 풍요로움은, 초기 그리스도인들이 일관되게 자신의 신앙을 증거했듯이, 열정과 확신에 찬 복음 전파자들을 부릅니다.

저는 여러분이 이 거룩한 시기를 '교회 공동체 차원에서의 회심'을 향한 은총의 시기로 살도록 초대하고 싶습니다. 우리는 일치를 추구하는 가운데 '친교와 참여'의 정신 속에서 쇄신될 수 있습니다. 일치는 풍부한 결실을 맺는 복음화를 이루는 데 있어 반드시 있어야 하는 요소입니다. 그리고 개인적, 공동체적 식별을 하는 데 있어서도 핵심 요소입니다.

　마지막으로, '회중은 기도 가운데 성장한다.'는 확신과 더불어 저는 여러분이 매일 성찬례를 거행하기 전에 회중과 더불어 우리 대교구를 위해 기도해 줄 것을 부탁드립니다. 또한 이러한 지향을 갖고 가능한 한 공동체 차원에서 매주 성체를 흠숭하는 시간을 갖기 바랍니다. 그리고 노인과 병자들을 위해 기도함으로써 우리 모두가 공동체의 발전과 실현에 책임을 지고 있음을 깨닫기 바랍니다.

　여러분이 거룩한 사순 시기를 보내길 바라며 저를 위해 기도해 줄 것을 부탁드립니다. 예수님께서 여러분을 축복하시고 성모님이 보살펴 주시길 빕니다. 사랑을 다하여······.

　　　　　부에노스아이레스, 2006년 2월 22일 성 베드로 사도좌 축일

영원한 사랑의 근원인
하느님의 자비

마태 28,19

사랑하는 사제 여러분! 지난해 사목 주제였던 '우리 백성의 연약함을 돌보는 것'은 우리에게 단순한 봉사자의 마음으로 기도하는 가운데 주님께 이런 물음을 던지게 했습니다. "저희의 나약함을 어떻게 극복해야 합니까? 그리고 저희는 무엇을 돌봐야 합니까? 가장 상처받기 쉬운 사람들, 당신께서 더 많이 사랑하는 사람들을 잘 돌보기 위해 저희는 어떤 은총을 청해야 합니까?"

백성의 나약함을 바라보셨던 주님의 눈길

오늘 우리는 연민 가득한 마음으로 당신 백성의 나약함을 바라보셨던 주님의 눈길을 우리 마음 깊이 담아 두어야겠습니다. 예수님께서 지니셨던 깊은 연민은 단순히 깊은 사색에 빠지는 것도 아니고 그렇다고 금방 식어 버리는 동정심도 아닙니다. 그것은 방금 우리가 들은 복음 말씀처럼, 성부께서 맡겨 주신 하느님 나라에 대한 선포의 사명을 이루고 병자를 치유하기 위해 힘 있고 담대하게 자신을 내어 놓는 연민을 말합니다.

그러므로 우리는 주님을 관상하는 가운데 담대하게 복음화 사명을 받아들여야 합니다. 우선, 예수님이 이사야서에서 취하신 동사들, '선포하다 euangelizein' 그리고 '설교하다 keruzein'에 주목해 봅시다. 이 두 가지 사명은 주님께서 그분을 도유하셨던 성령의 자극으로 이루어진 행위입니다.

가령, '억눌린 이들'에 대해 말씀하시는 것을 눈여겨봅시다. 그것은 단순히 포로를 해방시키는 것을 의미하지 않습니다. 복음서는 주님께서 '그들을 노예 상태에서 해방하시고 세상 가운데 사명을 완수하기 위해' 오신다고 전합니다. 주님은 예전에 포로였던 사람들 중에서 파견할 이들을 선택하십니다. 우리 주 예수 그리스도께서는 당신의 무한한 힘과 용기를 가지고 나약함으로 점철된 우리의 역사 안으로 거침없이 들어오십니다.

이것이 바로 케리그마, 곧 우리가 하는 설교의 핵심입니다. 다시 말해, 강생하시고 돌아가셨으며 마침내 부활하신 예수 그리스도께서 우리의 역사 안으로 분명히 들어오셨음을 선포하는 것, 그것이 바로 우리 설교의 핵심이어야 합니다. 예수님께서 진단하신 세상에는 복음이 전해지지 못할 만큼 가엾은 그 무엇이나 마비된 그 어떤 것도 없습니다……. 오히려 그 반대입니다. 그분은 세상이 우리로 하여금 열정적으로 활동하도록 초대한다고 보셨습니다. 그런 세상의 초대에 응하며 대담하게 활동하려면, 가난한 사람들, 억눌린 사람들, 앞 못 보는 이들을 비롯해 하느님 아버지께서 사랑하시는 가장 작은 이들과 더불어 연대해야 합니다. 그들에게 기쁜 소식이 전해져 새롭게 사물을 바라보게 해 주어야 합니다. 더 나아가 그들을 해방시켜 주고 그들 또한 우리가 수행하는 사명에 참여하도록 해야 합니다.

이렇게 그들과 연대하는 것이야말로 세상을 향한 가장 대범한 활동이라 생각합니다. 주님께서 단순히 세상 풍경만을 보라고 앞 못 보는 이를 치유해 주신 것이 아닙니다. 그를 치유해 주신 것은 무엇보다 하느님께서 당신 백성 가운데에서 이루신 기적들을 볼 수 있게 하기 위해서였습니다. 주님은 단순히 억눌린 사람들—자신의 환경과 불의한 사회 구조로 말미암아 억눌린 이들—에게 안락함을 누리게 하려고 그들을 해방하신 것이 아닙니다. 그들에게 사명을 주고 세상에 파견하기 위해서 해방하셨습니다.

주님께서는 악으로부터 해방된 우리가 단순히 편안한 안식년을 보내라고 은총의 해를 선포하지 않으셨습니다. 그것은 무엇보다 살아 계신 하느님의 자녀로서 우리가 모든 일에 적극적으로 참여하게 하기 위함이었습니다.

영원한 신앙의 근원인 하느님의 자비

주님께서는 우리의 연약함을 바라보시며 우리가 그 연약함을 두려움 없이 담대하게 받아들이도록 초대하십니다. "두려워하지 마라! 내가 세상을 이겼다." "내가 세상 끝 날까지 언제나 너희와 함께 있겠다." 주님께서 사도 베드로에게 자신의 나약함을 대면하게 하신 것은 그가 발길을 되돌려 왔던 길로 되돌아가라 하신 것이 아닙니다. 주님께서는 나약한 그에게 당신의 사명을 맡겨 파견하셨습니다. 그에게 바다를 항해하도록 초대하셨습니다. 그래서 주님은 그가 사람을 낚는 어부가 되도록 용기를 불어넣어 주셨습니다.

하느님 백성이 지닌 상처는 주님의 연민을 자극하고 제자들이 주님께 무한한 신뢰와 관대함을 가지도록 이끌어 줍니다. 부활하신 주님께서 제자들을 파견하시는 모습이 오늘 복음에서 그 정점을 이루고 있습니다. "너희는 가서 모든 민족들을 제자로 삼아, 아버지와 아들과 성령의 이름으로 세례를 주고, 내가 너희에게 명령한 모든 것을 가르쳐 지키게 하여라."(마태 28,19-20)

사도적 담대함과 용기는 사명을 수행하는 데에 중요합니다. 담대함은 성령께서 새겨 주신 인장이자 케리그마, 곧 복음 선포가 참되다는 것을 입증해 줍니다. 그것은 말해야 할 것을 공개적으로 말할 수 있는 '내적 신뢰'를 갖는 것입니다. 이처럼 건강한 자존감은 우리가 선포하는 복음에 대해 '기뻐하게 해 줍니다.' 복음을 성실히 증거하는 이가 보여 주는 주님에 대한 신뢰는 사람들에게 다음과 같은 확신을 갖게 합니다. "어떠한 피조물도 우리 주 그리스도 예수님에게서 드러난 하느님의 사랑에서 우리를 떼어 놓을 수 없습니다."(로마 8,39)

만일 사목자인 우리가 이런 자세를 갖춘다면, 우리 백성의 연약함을 잘 이끌어 줄 수 있을 것입니다. 그러므로 그들의 연약함을 잘 돌보기 위해 우리는 주님께 은총을 청해야 합니다. 사도적 담대함, 곧 성령 안에서 강인하고 열정적인 담대함의 은총을 청해야 합니다.

그러므로 신뢰를 갖고 겸손되이 성모님에게 이 은총을 청하기로 합시다. 성모님은 '첫 복음 전파자'로 불림 받으셨습니다. 그분은 우리에게 그리스도를 선사해 주신 성찬례적 여인이시며 '예수님께서 우리에게 말씀하시는 모든 것을 하도록' 우리를 격려하는 분이십니다. 성모님이야말로 세상에 복음을 전하는 기쁨을 내면에서부터 체험한 분이시며, 성자께서 지니셨던 전대미문의 담대함을 나누어 받으셨습니다. 그리고 하느님께서 어떻게 '당신 팔로 권능을 떨치시어 마음속 생각이 교만한 자들을 흩으셨는지, 통치자들을 왕좌에서 끌어내리시고 비천한 이들을 들어 높이셨으며, 굶주린 이들을 좋은 것으로 배불리시고 부유한 자들을 빈손으로 내치셨는지' 보여 주신 첫 번째 사람이셨습니다. 거룩한 교회의 사제들인 우리는 이러한 성모님의 담대함에 참여하도록 초대받았습니다.

그러므로 우리가 우리 백성의 연약함을 인도해야 할 곳은 바로 이런 복음적 기쁨-이 기쁨은 우리의 힘입니다-의 자리입니다. 이것이 바로 기쁜 소식입니다. 하느님께서는 가난한 사람들, 연약한 사람들, 상처받은 사람들, 우리처럼 작은 사람들 모두를 있는 그대로 바라보셨습니다. 우리 선조들이 믿고 희망했던 하느님의 자비는 세대를 이어 오늘을 살아가는 하느님의 백성인 우리에게도 영원한 신앙의 근원이 되고 있습니다. 우리는 이 백성의 한 축을 이루는 사람들입니다.

부에노스아이레스, 2004년 4월 8일

바다 한가운데로 나가 깊은 곳에 그물을 던져라

마태 28,20

"내가 세상 끝 날까지 언제나 너희와 함께 있겠다."

사랑하는 형제 여러분! 저는 한 해 동안 여러분이 강생한 하느님이신 예수님의 연약함에서부터 출발해 우리 백성의 연약함을 책임지고 돌보는 것을 교구 전체의 사명으로 삼고 매진하도록 부탁드린 바 있습니다. 그분은 강하시면서도 연약하게 되셨고 부자이면서도 가난하게 되셨으며 위대하시면서도 작은 자가 되셨습니다(『로마 미사경본』 참조). 이런 의미에서 여러 공동체에서는 그에 따른 구체적 작업이 이뤄졌습니다. 공동체 구성원들이 더욱 기도에 매진하도록 서로를 격려했으며, 그들이 보다 더 가까워지고 연대할 수 있도록 다양한 방법을 모색하고 실천했습니다.

반면, 어떤 공동체에서는 아직 그런 실천이 활성화되지 못했습니다. 그러나 분명 말씀드릴 수 있는 것은 이 대교구에서 이런 실질적인 사목적 배려가 시작되고 있다는 점입니다. 신자들의 연약함을 돌보는 일은 관대하고 단순하며 사려 깊은 사람들만이 지닐 수 있는 넓은 도량을 필요로 합니다.

이러한 지향은 온갖 형태의 결핍과 고통 속에 있는 신자들에게 가까이 다가가도록 우리를 힘 있게 이끕니다. 이는 성령의 은총을 통해 맺어지는 결실입니다.

우리는 우리를 낙담하게 하고 심지어 좌절하게 하는 위기 상황 속에 살고 있습니다. 그 상황에 대해서는 각 공동체마다 공감하며 성찰한 것으로 압니다. 아직 대교구 사목위원회가 준비한 프로그램을 시행하지 않은 분들이 계시다면, 부탁드리건대, 우리 모두가 마음을 열고 우리 백성의 연약함을 책임질 수 있도록 올해 안에 시행하시길 바랍니다. 우리 내부에서부터 신자들의 연약한 부분을 돌보기 시작하면 좋을 것입니다. 예를 들어,

신앙생활(얼마나 많은 젊은이가 기도할 줄 모르는지! 그리고 얼마나 많은 젊은이가 비전을 갖지 못한 채 살아가는지!), 가정생활(대화의 부재, 버려진 노인들……), 사회생활(실직, 기아, 불의……) 등에 영향을 미치는 악함들을 돌보는 것입니다.

고통받고 있는 사람 곁으로 다가가기

우리 그리스도인들은 고통과 절망 앞에서도 희망을 갖도록 불림 받았습니다. 그 희망은 그저 환상을 좇는 것이 아니라, "희망은 우리를 부끄럽게 하지 않습니다. 우리가 받은 성령을 통하여 하느님의 사랑이 우리 마음에 부어졌기 때문입니다."(로마 5,5)라고 고백한 사도 바오로가 지녔던 신뢰를 갖는 것입니다. 이 희망은 이미 천상에 단단히 고정된 닻으로서 천상을 향한 여정 중에 우리가 꽉 붙잡아야 할 끈입니다.

주님께서 친히 우리를 격려하기 위해 오셨습니다. "두려워하지 마라."(마르 6,50) "내가 세상 끝 날까지 언제나 너희와 함께 있겠다."(마태 28,20) "너희는 가서 모든 민족들을 제자로 삼아라."(마태 28,19) 우리 또한 연약한 사람 가운데 하나이지만 고통받고 있는 사람 곁으로 다가가는 것, 그리고 그들에게 복음을 선포하는 것은 부활하신 주님의 약속을 신뢰할 때에만 가능합니다. "내가 …… 언제나 너희와 함께 있겠다."(마태 28,20) 왜냐하면 우리는 무턱대고 힘만 자랑해대는 대단한 영웅도, 용감한 전사도 아니기 때문입니다. 우리는 예수님의 제자들, 그분을 중심으로 한 가족 구성원들이 지녔던 담대함, 주님의 형제들이 지녔던 담대함을 지니고 행동해야 합니다.

저는 올해 여러분이 이 담대함, 깊은 사도적 열정을 가지고 수고하시길 부탁드립니다. 우리는 우리 자신과 우리 백성의 연약함을 책임지고, 성령께서 사도들로 하여금 예수 그리스도를 선포하도록 주신 담대한 용기를 가지고 걸어가야 하겠습니다. 담대함, 용기, 자유롭게 말하는 태도, 사도적 열정……, 이 모든 것은 '담대함parresía'이란 말 안에 담겨 있습니다. 사도 바오로는 이 말이 '개방된 존재의 자유이자 용기'라고 말합니다. 왜냐하면 그런 사람은 하느님과 이웃을 위해 준비되어 있기 때문입니다. 바오로 6세 교황은 복음화를 가로막는 장애물 가운데 하나로 이 담대함의 부족을 드셨습니다. "열성의 부족에 대해서만 말씀드리겠습니다. 이것은 내면에서 비롯되는 것인 만큼 더욱 심각합니다. 열성의 부족은 피로나 환멸, 타협, 무관심, 그리고 무엇보다도 기쁨과 희망의 결여로 나타납니다."(『현대의 복음 선교』 80항)

또한 요한 바오로 2세 교황도 사도적 충실성, 열정, 용기, 선교적 열성에 관해 말씀한 바 있습니다(『교회의 선교 사명』 30항, 67항, 91항). 여기서 우리는 엠마오로 가던 두 제자가 부활하신 주님을 만난 사건을 다시 한번 기억해야 하겠습니다. "길에서 우리에게 말씀하실 때나 성경을 풀이해 주실 때 속에서 우리 마음이 타오르지 않았던가!"(루카 24,32)

성령의 활동에 대한 확신과 열정은 살아 계신 그리스도와의 만남에서 솟아나옵니다. 주님의 제자인 우리에게는 이런 확신과 열정이 필요합니다. 그럼으로써 우리는 백성의 연약함을 책임질 수 있고 부활하신 그리스도를 선포할 수 있습니다.

우리는 사목 활동을 하며 자주 피로를 느끼곤 합니다. 때로는 불쾌함과 나태함이 우리를 유혹하기도 합니다. 그리고 해야 할 모든 일 앞에서 작기만 한 우리 자신을 발견할 때도 있습니다. 그럴 때 우리는 사도들과 마찬가지로 주님께 이렇게 말씀드리곤 합니다. "저렇게 많은 사람에게 이것이 무슨 소용이 있겠습

니까?"(요한 6,9)

 이토록 많은 연약한 사람들을 보살펴야 하는 우리는 어떻게 처신해야 할까요? 우리는 다음과 같은 신뢰에서 힘을 얻을 수 있지 않을까 싶습니다. 하느님 아버지를 사랑하고 또 그분이 자신을 사랑하며 돌보시는 것을 잘 아는 이가 지닌 겸손에 찬 신뢰, 자신은 무상으로 선택받고 파견됐음을 잘 아는 이가 지닌 겸손에 찬 신뢰가 바로 그것입니다. 질그릇 같은 자신 안에 보물이 담겨 있음(2코린 4,7)을 체험한 사도 바오로는 우리에게 그 체험을 전해 줍니다. 그런 바오로의 시선이 우리가 우리 자신과 다른 사람을 바라보는 데 가져야 할 시선이어야 합니다. 질그릇 같은 자기 자신을 바라보길 두려워하지 마십시오.

 우리는 얼마나 안락한 해변가에 머물고픈 유혹을 느끼는지 모릅니다. 그러나 주님께서는 바다 한가운데로 나가 깊은 곳에 그물을 던지라고 우리를 부르십니다(루카 5,4). 주님은 우리에게 사도적 열정을 갖고 담대하게 당신을 선포하고 당신을 섬기는 일에 우리의 일생을 바치도록 부르십니다. 그러므로 우리 각자는 이 대교구의 교회 공동체 건설을 위해 자신이 받은 은사를 나누며 용기를 내어 그분을 꼭 붙잡고 따라가야 합니다. 우리는 대교구 사목 계획과 조화를 이루는 가운데 다양한 사목적 도구들을 활용하면서 이를 실천해야겠습니다.

2002년에서 2004년까지의 삼 년 회기를 위해 준비된 활동들을 담고 있는 새로운 단계의 사목 계획은 올해 말로 매듭 지워집니다. 저희는 주교회의를 통해 2005년에 교구 전체 모임을 하는 것이 좋겠다는 생각을 했습니다. 이는 우리에게 '깊은 바다로 항해해야 한다.'는 방향성을 인식하는 가운데 우리가 교회에 속한다는 사실을 좀 더 깊이 느끼게 해 주며 사목 계획의 실현에 동참함으로써 우리 모두를 한층 성숙하게 해 줄 것이라 믿습니다.

복음화의 기쁨을 내적 열정으로!

이제 바오로 6세 교황의 말씀과 더불어 여러분이 사도적 열성을 지니도록 권고하면서 강론을 마칠까 합니다. "그러니 열정의 정신을 보존하고, 눈물을 흘리며 씨를 뿌려야 할 때에도 즐거움과 위안을 주는 복음화의 기쁨을 간직합시다. 요한 세례자와 베드로와 바오로, 그리고 다른 사도들과 교회 역사상 수많은 훌륭한 복음 선포자와 마찬가지로 우리에게도 이것이 그 누구도, 그 무엇도 꺼뜨릴 수 없는 내적 열정이 되기를 바랍니다. 또한 봉헌된 우리 삶의 큰 기쁨이 되기를 바랍니다. 때로는 불안 속에서, 때로는 희망 속에서 무엇인가를 찾고 있는 현대 세계에 기쁜 소식을 전하는 이들이, 낙심하고 낙담하며 성급하고 불안해하는 선포자가 아니라, 그리스도의 기쁨을 먼저 받아들여 열성으로 빛나는 삶을 살며, 하느님 나라를 선포하고 세상 가운데 교회를 세우고자 기꺼이 목숨마저 감수하려는 복음의 봉사자들이 되기를 바랍니다."(『현대의 복음 선교』 80항)

우리 모두가, 주님의 사랑이 우리를 이끌고 계심(2코린 5,14)을 느끼고 사도 바오로와 함께 이렇게 고백할 수 있도록 주님께 은총을 청합시다. "내가 복음을 선포하지 않는다면 나는 참으로 불행할 것입니다."(1코린 9,16) 사랑으로 각별히 수고하신(『구세주의 어머니』 17항) 성모님께, 우리와 함께하시어 매일의 수고 가운데 우리를 꼭 붙잡아 주시고 우리가 복음적 담대함과 사도적 열정으로 살아갈 수 있도록 기도해 주시길 청합시다. 특별히 저를 위해 기도해 주십시오. 형제적 사랑을 담아.

부에노스아이레스, 2004년 2월 25일 재의 수요일

추천의 글:
프란치스코 교종의 높은 뜻을 마음에 새기며

"어떤 이름으로 불리기를 원합니까?" "프란치스코."

교종 선출을 수락하신 분에게 묻는 이 첫마디에 주저없이 "프란치스코."라고 응답하신 분. 그 이름에는 참으로 맑고 깊고 결연한 뜻이 담겨 있습니다.

새 교종을 고대하던 무수한 군중 앞에서 첫 모습을 드러내면서 고개를 깊이 숙이고, "먼저 저를 위해 기도해 주십시오." 하신 어른.

안팎으로 갈망과 고뇌를 가득 안고 갈 길을 몰라 헤매고 있는 이 시대와 교회에 꼭 계셔야 할 새 목자를 주신 하느님의 놀라운 섭리에 너나없이 감격하고 감사했습니다.

프란치스코 교종이 이렇듯 모두의 마음을 사로잡고 움직인 것은 어째서일까요. 그 이름에 진정 복음적인 생각과 말씀을 넘어 무엇보다도 그분의 실제 삶의 꾸밈없는 진실성이 확연히 자리하고 있음을 모두가 감득하고 있었기 때문입니다.

로마 주교로서, 베드로의 후계자로서, 참신한 모습으로 나타나시자, 온 세상이 '이분에 관한' 숱한 보도와 일화, 글들을 쏟아 냈습니다. 그러던 중, 부에노스아이레스 대교구 홍보처는 그 현장에서 평생 온몸으로 사목하던 이 비범한 목자가 '스스로, 친히' 하신 말씀과 글을 가리어, 자비, 생명, 증언, 사명이라는 네 주제로 책자 한 묶음을 펴냈습니다.

이 귀한 글모음 네 권을 우리말로 제때에 소개할 수 있게 된 것은, 일찍부터 부에노스아이레스 대교구 소속 사제로 성실히 사목하면서 베르골료 추기경님과도 서로 잘 아는 사이였던 문한림 신부님의 흔쾌한 협조와 번역에 힘쓴 윤주현 신부님의 헌신적 기여, 그리고 생활성서사의 아낌없는 도움에 힘입은 결실입니다.

참으로 고맙고, 또 고마운 일입니다.

내일의 더욱 참다운 삶을 향하여, 우리 모두의 목자 프란치스코 교종의 드높은 뜻과 깊은 마음을 함께 헤아리며 배워 나가는 동행 길에 이 소중한 글모음을 든든한 길라잡이로 삼기를 기원합니다.

장익

옮긴이의 글 - 개정 증보판에 부쳐

　본서는 현 교황의 착좌 이후 부에노스아이레스 교구에서 오랫동안 그분이 고민하고 전해오신 메시지들을 네 개의 주제(자비, 생명, 증언, 사명)로 갈무리해서 펴낸 것을, 한국 교회에 널리 알리기 위한 장익 주교님의 뜻에 따라 이루어진 작업의 첫 단추입니다. 여기에는 자비하신 하느님의 모습을 전하는 교황의 주옥같은 강론들이 담겨 있으며 특히 그 메시지를 전하는 사제들을 향한 메시지가 적지 않게 담겨 있습니다.

　독자들은 이 책을 통해 우리와 함께 동반하시는 하느님, 우리의 아픔과 죄를 끌어안으시는 하느님, 우리를 위해 친히 당신의 생명을 선사해 주시는 하느님, 당신의 사랑을 맛보도록 초대하시는 하느님, 세상에 나아가 그 사랑을 담대하게 선포하도록 초대하시는 하느님의 모습을 보게 될 것입니다. 궁극적으로 이 책은 그런 모든 하느님의 모습 이면에 담겨 있는 하느님 자비의 얼굴이신 예수 그리스도를 만나도록 초대하고 있습니다. 그분이야말로 당신의 인격과 행적을 통해 하느님의 사랑과 자비를 온전히 계시하신 분입니다. 그래서 물질문명의 발전과 더불어 점점 하느님 그리고 그분의 자비를 망각해가는 이 세대, 자신과 타인의 이기주의 속에서 허덕이며 아파하는 이 세대에 자비의 하느님을 전하는 교황의 메시지는 더욱 빛날 수밖에 없습니다.

현 교황께서는 올해 4월 11일 부활 제2주일 전야에 칙서「자비의 얼굴」을 반포하심으로써 하느님의 자비를 온전히 계시하신 예수님 안에서 온유와 배려 그리고 너그러운 용서가 넘치는 하느님의 애끓는 사랑을 맞들이도록, 예수님의 자비로운 얼굴을 바라보면서 인류를 향한 삼위일체 하느님의 깊은 사랑을 깨닫도록 초대하셨습니다. 그리고 하느님 아버지처럼 우리 또한 자비로운 자 되도록 다음과 같이 권고하셨습니다. "이 희년에 우리는 아버지처럼 자비로워지라고 하신 주님의 말씀에 따라 살고자 합니다."(「자비의 얼굴」, 13항) 뿐만 아니라 그 자비를 만방에 전하는 자비의 선교사가 되도록 독려하셨습니다. "교회는 복음의 뛰는 심장인 하느님의 자비를 알려야 할 사명이 있습니다." (「자비의 얼굴」, 12항) 우리는 그러한 교황의 메시지를 그분께서 착좌하기 전부터 오랫동안 전해 오신 자비의 메시지를 담고 있는 이 책에서 만날 수 있습니다. 본서를 통해 여러 신자들이 하느님 자비의 신비를 더욱 깊이 깨닫고 삶 속에서 실천할 수 있게 되기를 기원합니다.

대구 가르멜 수도원에서
윤주현 신부, O.C.D.

주 註

1. 베네딕토 16세, 교황 권고 『사랑의 성사』 7항, 8항.
2. 베네딕토 16세, 교황 권고 『사랑의 성사』 88항.
3. 『아파레시다Aparecida』 464항; 참조: 『아파레시다Aparecida』 251항.
4. 『아파레시다Aparecida』 354항; 참조: 『아파레시다Aparecida』 191항. "나의 미사는 나의 생명이며 나의 생명은 연장된 미사입니다." (Hurtado, Alberto, *Un fuego que enciende otros fuegos*, 69-70)
5. "성찬례는 교회 생활뿐만 아니라 교회 사명의 원천이며 정점입니다. 곧 '진정한 성찬의 교회는 선교하는 교회입니다.' 우리도 확신을 가지고 우리 형제자매에게 다음과 같이 말할 수 있어야 합니다. '우리가 보고 들은 것을 여러분에게도 선포합니다. 여러분도 우리와 친교를 나누게 하려는 것입니다.'(1요한 1,3) 참으로, 그리스도를 알고 다른 이들에게 그분을 알리는 것만큼 아름다운 일은 없습니다. 이와 관련하여, 성찬 제정 자체가 예수님 사명의 핵심을 미리 알려 줍니다. 곧 예수님께서는 세상의 구원을 위하여 아버지께서 보내신 분이십니다(참조: 요한 3,16-17; 로마 8,32). 최후의 만찬에서 예수님께서는 하느님의 뜻을 따라 우리 모두의 구원을 위하여 당신 자신을 희생 제물로 바치시는 행위를 실현하는 그 성사를 당신 제자들에게 맡기십니다. 우리가 성찬 식탁에 나아가

면 선교에 이끌리지 않을 수 없습니다. 선교는 하느님 마음 그 자체에서 시작되어 모든 사람에게 다가가는 것입니다. 따라서 선교적 노력은 그리스도인 삶의 성찬적 모습의 한 부분입니다."(베네딕토 16세, 교황 권고『사랑의 성사』84항)

6. 로마서에서 바오로 사도는 "하느님의 은사와 소명은 철회될 수 없는 것."이라고 전합니다. "이스라엘의 일부가 마음이 완고해진 상태는 다른 민족들의 수가 다 찰 때까지 이어지고……."(로마 11,25-29)

7. "나는 나와 너 사이에, 그리고 네 뒤에 오는 후손들 사이에 대대로 내 계약을 영원한 계약으로 세워, 너와 네 뒤에 오는 후손들에게 하느님이 되어 주겠다. …… 그러면 내 계약이 너희 몸에 영원한 계약으로 새겨질 것이다."(창세 17,7-13) "내가 그들과 영원한 계약을 맺으리니, 나는 그들에게서 등을 돌리지 않고 오히려 그들이 잘되게 하겠다. 나는 그들의 마음속에 나에 대한 경외심을 심어 주어, 그들이 나에게서 돌아서는 일이 없게 하겠다. 나는 그들을 잘되게 하는 일에 기쁨을 느끼고, 마음과 정성을 다하여 이 땅에 그들을 성실하게 심을 것이다."(예레 32,40-41)

8. 요한 바오로 2세, 회칙『교회는 성체성사로 산다』6항.
9. 요한 바오로 2세, 회칙『교회는 성체성사로 산다』3항.
10. 요한 바오로 2세, 회칙『교회는 성체성사로 산다』5항.
11. 요한 바오로 2세, 회칙『교회는 성체성사로 산다』5항.

12. 요한 바오로 2세, 회칙 『교회는 성체성사로 산다』 5항.
13. 『제2차 바티칸 공의회 문헌』, 교회에 관한 교의 헌장 「인류의 빛」 26항; 참조: 성 대 레오, 『강론』 63,7; 성 아우구스티노, 『강론』 57,7; 성 아우구스티노 『고백록』 7,10. "…… 당신은 제가 되십니다."
14. 요한 바오로 2세, 회칙 『교회는 성체성사로 산다』 53항.
15. 참조: 스텔라 수도원의 복자 이사악, 『강론』 51(PL 194, 1862-1863; 1865). "따라서 하느님의 영감을 받아 쓰인 성경에서 동정녀이며 어머니인 교회에 대해 일반적으로 이해된 것은 성모님에 대해 개별적으로 이해된다. 그리고 동정녀이며 어머니인 성모님에 대해 특별한 방식으로 이해된 것이 교회에 대해 일반적인 방식으로 이해된다. …… 또한 각 신자의 영혼은 하느님 말씀의 정배이자 그리스도의 어머니요 딸이자 누이로 그리고 동정녀이자 비옥한 어머니라고 말할 수 있다. 성부의 말씀이신 하느님의 지혜께서는 **교회에 대해 보편적으로 말씀하시며, 성모님에 대해 특별한 방식으로 말씀하시고 각 신자들에 대해 개별적으로 말씀하신다.**"
16. 요한 바오로 2세, 회칙 『교회는 성체성사로 산다』 53항.
17. 요한 바오로 2세, 회칙 『교회는 성체성사로 산다』 53항.
18. 요한 바오로 2세, 회칙 『교회는 성체성사로 산다』 54항.
19. 요한 바오로 2세, 회칙 『교회는 성체성사로 산다』 57항.
20. 요한 바오로 2세, 회칙 『교회는 성체성사로 산다』 56항.
21. 요한 바오로 2세, 회칙 『교회는 성체성사로 산다』 55항.

22. 요한 바오로 2세, 회칙『교회는 성체성사로 산다』58항.
23. "'믿음은 우리가 바라는 사정의 실체이며 드러나지 않는 것들의 증명입니다.' 토마스 데 아퀴노 성인은 자신이 속한 철학 학파의 용어를 사용하여 '믿음은 정신 자세(habitus mentis)이며, 이로써 영원한 생명이 우리 안에서 시작되고 오성이 보이지 않는 것에 동의하게끔 이끄는 영혼의 자세'라고 설명하였습니다. 그래서 '숩스탄티아(substantia)' 개념은 다음과 같은 의미로 다듬어졌습니다. 신앙을 통하여 우리가 바라는 온전하고 참된 생명이 최초의 상태로, 말하자면 '싹으로' 따라서 '실체(substantia)'에 따라 이미 우리 안에 있다는 것입니다. 그리고 바로 이것이 이미 존재하기 때문에 앞으로 올 것의 현존도 확신을 주는 것입니다. 이 '앞으로 올 것'이 아직은 외부 세계에 모습을 보이지는 않지만('나타나지' 않지만) 초기의 역동적 실재로서 우리 안에 있다는 사실 때문에 지금 이미 어느 정도 인식할 수 있다는 것입니다."(베네딕토 16세, 회칙『희망으로 구원된 우리』7항)
24. "십자가에서 돌아가신 예수님께서는 전혀 다른 것을 이루어 주셨습니다. 곧 최고의 주님이신 살아 계신 하느님과 만남, 종살이의 고통보다도 더 강력한, 그래서 삶과 세상을 안에서부터 변화시킨 희망과 만나도록 해 주셨습니다."(베네딕토 16세, 회칙『희망으로 구원된 우리』4항)
25. 베네딕토 16세, 회칙『희망으로 구원된 우리』2항.

26. 베네딕토 16세, 교황 권고 『사랑의 성사』 77항.
27. 참조: 『제2차 바티칸 공의회 문헌』, 교회에 관한 교의 헌장 「인류의 빛」 58항; 요한 바오로 2세, 회칙 『구세주의 어머니』 2항.
28. 요한 바오로 2세, 회칙 『구세주의 어머니』 1항 참조.
29. 요한 바오로 2세 교황이 2004년 12월 8일 수요일, 원죄 없이 잉태되신 동정 마리아 교리 선포 150주년 기념 당시 하였던 강론.
30. "교회는 그리스도의 몸과 친교를 이룸으로써 그 어느 때보다 깊이 '그리스도 안의 성사, 곧 하느님과 이루는 깊은 결합과 온 인류가 이루는 일치의 표징이며 도구'(『제2차 바티칸 공의회 문헌』, 교회에 관한 교의 헌장 「인류의 빛」 1항)가 됩니다."(요한 바오로 2세, 회칙 『교회는 성체성사로 산다』 24항)
31. "교회는 성체성사를 주님이신 그리스도께서 주신 다른 여러 선물 가운데 매우 값진 하나의 선물로 받은 것이 아니라 비할 데 없이 탁월한 선물로 받았습니다. 이것은 그분 자신, 곧 거룩한 인성 안에 계신 그분 자신의 선물이며, 당신의 구원 활동의 선물이기 때문입니다."(요한 바오로 2세, 회칙 『교회는 성체성사로 산다』 11항)
32. "당신 생명을 내어 주시기까지(요한 10,17-18 참조) 사랑하시고 순종하신 그리스도의 선물은 무엇보다도 성부께 바치는 선물입니다. 분명히 그것은 우리를 위한, 그리고 모든 인류를 위한 선물(참조: 마태 26,28; 마르 14,24; 루카 22,20; 요한 10,15)이지만, 무

엇보다도 성부께 바치는 선물입니다. '그 희생 제사를 아버지께서는 받아 주시고 죽기까지 순종하신(필리 2,8) 당신 아드님의 전적인 자기 증여에 대한 보답으로 당신의 자부적慈父的 선물을 주셨으니, 이것이 부활로 불사불멸하는 새 생명의 보장입니다.'"(요한 바오로 2세, 회칙『교회는 성체성사로 산다』13항)

33. Hans Urs von Balthasar, "El misterio de la Eucaristia", en *Puntos centrales de la fe*, BAC, Madrid, 1985, 150.
34. "영성체를 통하여 그리스도와 그분의 성령을 받아 모심으로써 인간 마음속에 깊이 뿌리박힌 형제적 일치에 대한 염원이 충만히 실현되는 동시에, 같은 성찬의 식탁에 동참함으로써 느끼는 형제애가 더욱 고양되어, 단순히 음식을 나눌 때 경험하는 것보다 훨씬 강한 친교를 경험하게 됩니다. 교회는 그리스도의 몸과 친교를 이룸으로써 그 어느 때보다 깊이 '그리스도 안의 성사, 곧 하느님과 이루는 깊은 결합과 온 인류가 이루는 일치의 표징이며 도구'가 됩니다."(요한 바오로 2세, 회칙『교회는 성체성사로 산다』24항)
35. 『제2차 바티칸 공의회 문헌』, 교회에 관한 교의 헌장「인류의 빛」1항.
36. 『제2차 바티칸 공의회 문헌』, 교회에 관한 교의 헌장「인류의 빛」9항.
37. 요한 바오로 2세, 회칙『교회는 성체성사로 산다』22항.

프란치스코 교황의 성찰
아버지처럼 자비로워지십시오

교회 인가 | 2013년 11월 5일
1판 1쇄 | 2014년 1월 25일
1판 3쇄 | 2014년 6월 10일
2판 1쇄 | 2015년 12월 8일
2판 3쇄 | 2016년 6월 24일

글쓴이 | 프란치스코 교황
옮긴이 | 윤주현
펴낸이 | 김경하
펴낸곳 | 생활성서사
등록 | 제78호(1983. 4. 13.)
주소 | 서울시 강북구 덕릉로42길 57-4
편집 | 02)945-5984
영업 | 02)945-5987
팩스 | 02)945-5988
온라인 | 신한은행 980-03-000121(생활성서사)
인터넷 서점 | www.biblelife.co.kr

A522 | 값 13,000원
ISBN 978-89-8481-419-6 03230

성경 ⓒ 한국천주교중앙협의회, 2008
교회 문헌 ⓒ 한국천주교중앙협의회

* 이 도서의 국립중앙도서관 출판예정도서목록(CIP)은 서지정보유통지원시스템 홈페이지 (http://seoji.nl.go.kr)와 국가자료공동목록시스템(http://www.nl.go.kr/kolisnet)에서 이용하실 수 있습니다.(CIP제어번호: CIP2015028963)